Florian Kinast

# Es begann
# mit einem Damenstrumpf

Florian Kinast

# Es begann mit einem Damenstrumpf

*40 Menschen – 40 Geschichten*

*Erzählungen aus dem Olympiapark*

stiebner

Fotohinweise:

*Cover:*
Großes Bild: Moriz, Roland; CC BY 2.0
Kleine Bilder: Mühlberger (2); Hangen, Martin (1)
Vordere Klappe: Hangen, Martin

*Bilder Innenteil:*
Büro Auer+Weber+Assoziierte: S. 25, 28
ddp Images/AP: S. 139
DFB: S. 91
dpa Picture-Alliance: S. 183
Hangen, Martin: S. 10, 23, 33, 73, 81, 83, 87, 101, 103, 113,
    117, 119, 123, 135, 143, 149, 153, 163, 167, 187
Horstmüller: S. 69
Mühlberger: S. 35, 41, 53, 57, 65, 77, 97, 98, 107, 125, 129, 177
Kinast, Florian: S. 157
Krautbauer, Gert, für THE BIOGRAPHY CHANNEL: S. 17, 19
privat: S. 13, 49, 173
Sampics: S. 93
Schlage, Klaus: S. 45

Umschlaggestaltung: Stiebner Verlag GmbH, München

DTP-Produktion und Layout:
Verlagsservice Peter Schneider, Iffeldorf /
EDV-Fotosatz Huber, Germering

Bibliografische Information der Deutschen Nationalbibliothek
Die Deutsche Nationalbibliothek verzeichnet diese Publikation
in der Deutschen Nationalbibliografie; detaillierte bibliografische
Daten sind im Internet über http://dnb.d-nb.de abrufbar.

# Inhaltsverzeichnis

# Zum Buch

Der Gold-Wurf von Klaus Wolfermann bei den Olympischen Sommerspielen 1972 und das WM-Finale 1974. Der EM-Triumph der deutschen Basketballer 1993 und die Leichtathletik-Europameisterschaft 2002. Die Rekord-Fahrten von Bruno Risi bei den Sixdays und das alpine Ski-Spektakel am Olympiaberg. Das große Open-Air-Event im Olympiastadion und das kleine Musikfest am Theatron. In den ersten 40 Jahren seines Bestehens erlebte der Olympiapark unvergessene Veranstaltungen und einzigartige Augenblicke. Große Momente und große Gefühle.

Seit den Sommerspielen von 1972 kamen die Besucher hier in den Genuss sportlicher Großereignisse und kultureller Höhepunkte. Kaum ein anderes Gelände weltweit wurde und wird nach Olympischen Spielen noch so intensiv genutzt und ist nach wie vor so voller Leben wie der Münchner Olympiapark mit seinen faszinierenden Angeboten an Sport, Kultur und Freizeit.

Natürlich könnte man nun in einem Rückblick auf die Zeit seit 1972 auch einfach die Statistik sprechen lassen. Man könnte auf die Zahl von über 188 Millionen Besuchern in den ersten 40 Jahren verweisen, auf die mehr als 11.400 Veranstaltungen oder die 31 Welt-, zwölf Europa- und knapp 100 deutschen Meisterschaften. Man könnte für einen Rückblick auch einfach Archiv-Arbeit betreiben und chronologisch die Höhepunkte eines jeden Jahres aufschreiben. Könnte man.

Der Münchner Journalist Florian Kinast aber wollte in diesem Buch nicht einfach nur Daten und Fakten nüchtern aneinanderreihen, vielmehr war er auf der Suche nach den individuellen Erinnerungen und Erfahrungen. Dafür führte der Autor lange Gespräche mit 40 Personen und Persönlichkeiten. Menschen, die ihre ganz eigene Geschichte mit dem Olympiapark haben. Menschen, die ihm ihre Erlebnisse schilderten, ihre Empfindungen. Menschen, die den Park prägten und von ihm geprägt wurden.

Wegbereiter und Wegbegleiter, Olympiasieger und Weltmeister, Künstler und Veranstalter. Mitarbeiter des Olympiaparks ebenso wie Überlebende und Hinterbliebene des Terror-Attentats von 1972. Erfahren Sie nun also, warum Paul Breitner beim WM-Finale 1974 heim zu seiner Mutter wollte. Wie Waldemar Hartmann persönlicher Betreuer von Muhammad Ali bei dessen Kampf in der Olympiahalle wurde. Wo die Sportfreunde Stiller nach einem ihrer ersten Konzerte im Olympiapark ihren vollen Geldbeutel liegen ließen. Oder warum der israelische Fechter Dan Alon nie mehr mit Arabern in einem Hotel wohnen konnte.

Ein großes breites Spektrum, wie es eben zur Historie des Olympiaparks gehört. Anekdoten, Erinnerungen und Schilderungen, die amüsieren, erstaunen und manchmal auch nachdenklich stimmen. Ereignisse, mit denen vielleicht auch Sie, liebe Leser, ihre ganz eigene Geschichte verbinden, die Sie erinnern an Ihre Vergangenheit im und mit dem Olympiapark.

Ich hoffe, dass Sie den Olympiapark und sein Angebot auch weiterhin genießen, dass Sie ihn auch nach ihren künftigen Besuchen in guter Erinnerung behalten.

Doch jetzt wünsche ich Ihnen erst einmal gute Unterhaltung bei dieser Lektüre.

*Ralph Huber*
*Geschäftsführer*
*Olympiapark München GmbH*
*München, August 2012*

# Adam Ahmed

*Ein Trikot von Auge, ein Anpfiff von Lattek:*
*Freud und Leid des Verteidigers*

Natürlich hat Adam Ahmed damals geträumt davon, von der Profikarriere beim FC Bayern. Dass er hier eines Tages im Olympiastadion nicht mehr auf der roten Tartanbahn steht sondern auf dem grünen Rasen, dass er dann nicht mehr den Bällen hinterherlaufen muss, die übers Spielfeld hinausgedroschen werden, sondern einer von denen ist, denen die Bälle zugeworfen werden. Wer bei den C-Junioren der Bayern spielt, wer nur noch einen Ballwurf von den Profis entfernt steht, der darf solche Träume schon haben. Bei Adam Ahmed, dem einstigen Ballbuben im Olympiastadion und Abwehrspieler bei den Junioren, reichte es nicht ganz, und so steht er, der früher neben der Trainerbank stand, heute neben der Anklagebank. Als renommierter Münchner Strafverteidiger.

Aber es reichte immerhin dafür, einmal von seinem großen Idol ein Trikot geschenkt zu bekommen. Von Klaus Augenthaler, das Trikot mit der Nummer 5, vorne mit dem Commodore-Schriftzug, ein Zeitdokument der Achtziger Jahre.

Adam Ahmed, ein Münchner Kindl, geboren im April 1971, kurz vor den Olympischen Spielen. Der Vater, ein Iraker, war in den Sechziger Jahren nach München gekommen, er arbeitete bei BMW. Die Mutter war Griechin, und 1973 zogen sie mitsamt Adams älterem Bruder in die Riesstraße, ins Hochhaus der alten Olympia-Pressestadt. Neunter Stock mit Blick auf den Park, und hinten am Ende, ganz am Südrand des Parks, war Adams erster Verein, der FC Teutonia. Vor dem Training und danach gab es viel zu erleben im Park, sagt Ahmed. „Der Olympiapark war für mich einfach ein großes Stück Heimat, eine Spielwiese." Rauflaufen auf den Schuttberg, rudern am Olympiasee, minigolfen neben dem Eisstadion. Und wenn nicht im

> **Adam Ahmed** (*1971), ist einer der bekanntesten Münchner Strafverteidiger. Als Jugendlicher spielte er beim FC Bayern und war eine Saison lang Balljunge im Olympiastadion.

Olympiapark, dann nebenan auf dem Gelände der ZHS, der Hochschulsportanlage, wo Klein-Adam und seine Spezl über die Zäune stiegen, um auf den schönen Rasenplätzen herumzubolzen, bis der Hausmeister oder der Platzwart kam und sie verscheuchte.

Samstags, an manchen Nachmittagen, stand er dann daheim oft am Fenster. Direkt hinter dem Haus war damals noch der S-Bahn-Halt „Olympiastadion" in Betrieb, der bei Heimspielen der Bayern mit S-Bahn-Sonderzügen genutzt wurde, um die U-Bahn zu entlasten. „Ich habe da oft runtergeschaut, um zu sehen, wie die Menschen ins Stadion pilgern", sagt Ahmed, „und zu beobachten, wie sie dann Richtung Zeltdach verschwinden, das hatte etwas Faszinierendes." Aber unterm Zeltdach stand er ja bald selbst.

1985, mit 13 kam Adam Ahmed zu den Bayern. Anders als heute, wo der Verein sich die Jugendspieler mit seinen Späher-Scouts aus anderen Vereinen selbst zusammensucht, genügte es damals, bei einem Vorspiel zu überzeugen. Ahmed überzeugte sehr und spielte zunächst in der C2-Jugend. Nun waren die Ballbuben bei Bayern immer die C1-Junioren, also die, die noch ein Jahr älter waren, und zum Einlernen für die kommende Saison nahmen sie die C2-Burschen hin und wieder mit, so eine Art Ballbub-Schnupperpraktikum.

Doch was er da schnupperte, das stank dem jungen Adam Ahmed einmal ganz gewaltig. „Da gab es ein Erlebnis mit Udo Lattek", sagt er, „das hat mich menschlich maßlos enttäuscht." Lattek war zu der Zeit Trainer, bei Bayern hießen die Spieler Eder, Willmer, Dürnberger, Dremmler, Pflügler, es war also eher eine rustikale Spielkultur, die die Bayern pflegten als eine filigrane. Bayern kickte also gegen Dortmund, Matthäus traf nach einer Stunde zum 1:0, ein Ergebnis, das die Münchner halten wollten. Man spielte auf Zeit, und dann geschah es, dass der Ball ins Seitenaus flog, Höhe Mittellinie, gleich neben der Trainerbank, direkt auf Adam Ahmed zu. Und weil er so aufgeregt war und emsig und bemüht, stoppte Ahmed den Ball, um ihn postwendend einem Dortmunder Spieler zuzuwerfen, er wollte sich beeilen und ja keinen Fehler machen, doch genau das war der Fehler.

Fuchsteufelswild sprang nämlich Udo Lattek von der Trainerbank auf und stürmte mit den Worten „Lass den Ball" auf Adam

*Die Beute des Ballbuben: Adam Ahmed mit dem Trikot von Klaus Augenthaler und vier Kapitänsbinden.*

Ahmed zu. „Das war der Originalton, das werde ich nie vergessen", sagt Ahmed, „das hat mich entsetzt und richtig geschockt, ich habe nur noch losgeheult." Die Welt brach zusammen und Ahmed in Tränen aus, das ganze Stadion hatte die Szene mitbekommen, was für eine Bloßstellung.

Immerhin, ab da wusste Ahmed, was er im Jahr darauf zu tun hatte.

In der Saison 1985/86 war er regelmäßig Ballbub. Oft fieselte die Bayern-C1 mittags ihre Gegner noch auf dem Nebenplatz des Olympiastadions ab, bevor sich die komplette Mannschaft, meist so um die 16 Spieler, ums Spielfeld aufreihte. „Der Platz hintern Tor war immer der beste", sagt Ahmed, „da kamen die meisten Bälle." Und je nach Spielstand war dann eben Eile geboten oder auch nicht, denn damals gab es – inzwischen ist das anders – nur einen einzigen Spielball.

„Es ist uns immer gesagt worden, wenn wir vorne liegen, dann sollen wir uns ruhig Zeit lassen, den Ball zu holen", sagt Ahmed. Offiziell sagte das damals natürlich keiner, aber als regelmäßiger Besucher im Stadion war deutlich zu sehen, wie gemächlich die Ballbuben einem Ball hinterhertrabten, und wenn die Bayern führten, der Ball übers Tor flog und dann auch noch weit dahinter in dem Graben vor den Tribünen verschwand, dann konnte man sich getrost von seinem Platz erheben, sich oben seelenruhig für ein Bier und ein paar Würschtl anstellen, und wenn man wieder saß, dann hatte sich der Torwart gerade den Ball zum Abstoß hingelegt.

Der Torwart seiner C-Jugend-Mannschaft, erzählt Ahmed, kam aus Bad Tölz. Bei Europacup-Spielen an einem Mittwochabend, 20 Uhr, fehlte der Torwart als Ballbub, danach noch heimzufahren, das wäre zu spät gewesen, am nächsten Tag war Schule. Daheim in Tölz hörte der Torwart die Spiele immer im Radio, und einmal sagte der Reporter dann: „Die Ballbuben lassen sich Zeit, sie sind wieder einmal der 12. Mann des FC Bayern."

Die zwölften Männer wollten von den elf auf dem Platz dann natürlich immer noch etwas abstauben, und darum hielten die Ballbuben kurz vor Abpfiff schon immer nach ihrem Lieblingsspieler Ausschau, um als Erster bei ihm zu sein. Das war auch der Grund, warum die Ballbuben in den letzten Spielminuten oft ihre Positionen aufgaben und kreuz und quer über die Laufbahn flitzten. Ahmeds Held war Augenthaler, damals der Kapitän der Bayern, und weil er immer höflich fragte: „Herr Augenthaler, dürfte ich bitte Ihre Spielführerbinde haben", hatte Ahmed nach 16 Bundesliga-Heimspielen vier original Augenthaler-Spielführerbinden beisammen.

Dann kam das 17. Heimspiel. Der letzte Spieltag.

Die Bayern hatten den Titel fast schon verspielt und lagen schier aussichtslos zurück, aber wie immer, wenn sie vor dem letzten Spieltag schier aussichtslos zurücklagen, waren sie am Ende Meister. Bremen hätte in Stuttgart schon ein Punkt zur Meisterschaft genügt, aber Werder verlor 1:2, während die Bayern daheim Gladbach 6:0 zertrümmerten. „An dem Tag wollte ich unbedingt das Trikot von Augenthaler", sagt Ahmed, „und als ich zu ihm hingelaufen bin, hat er mich nur kurz angeschaut und gelächelt. Dann zog er sein Trikot aus, wischte noch seinen Schweiß ab und drückte es mir wortlos in die Hand." In diesem Moment war Adam Ahmed vielleicht nicht der glücklichste Mensch der Welt, aber der glücklichste Ballbub.

Als Ballbub war es das dann auch, zur neuen Saison kam der nächste C1-Jahrgang. Ahmed schaffte es bei Bayern noch bis zur A-Jugend, kickte weiter bei Wacker und dem BSC Sendling. Später noch bei Starnberg, Alling, Günzelhofen, aber da war er schon im 4. Semester, und irgendwann erlaubte es das Jura-Studium nicht mehr, nebenher noch Fußball zu spielen. Adam Ahmed wurde Strafverteidiger, ein sehr bekannter, er verteidigte 2005 den Mörder von Rudolf Moshammer und 2012 den der beiden Mädchen aus Krailling. Ein schrecklicher Fall und oft, sehr oft, muss er sich die Frage anhören, wie man solche Menschen überhaupt verteidigen kann, und Adam Ahmed sagt dann immer, dass in einem starken Rechtsstaat jeder das Recht auf einen Beistand und einen fairen Prozess haben muss.

Die Arbeit mit einem Täter, bei dem nicht immer klar ist, ob er die Wahrheit sagt oder nicht, dazu das Mitgefühl mit dem Opfer und den Angehörigen, es ist ein schwerer Beruf, einer der ihn persönlich mehr herausfordert, zumindest ganz anders, als wenn er doch Profi geworden wäre. Ist eben doch ein großer Unterschied, zwischen Linksverteidiger und Rechtsanwalt.

# Dan Alon

## *Der Fechter aus Appartement 2:*
## *Die Zimmernummer als Schicksalszahl*

In den Jahrzehnten danach, lange nach 1972, war Dan Alon viel unterwegs. Als Unternehmer hatte er auf der ganzen Welt Geschäftstermine. In Hotels zu schlafen, das war er schon gewohnt. Manchmal aber, sagt er, habe er das Hotel dann wieder gewechselt. „Wenn ich gehört habe, dass dort jemand Arabisch spricht, konnte ich nicht dort bleiben. Ich bekam sofort wieder Angst, ich musste woanders hin. Das ist das Trauma, das mich sehr lange verfolgt hat." Seit dem 5. September 1972, beim Überfall palästinensischer Terroristen auf seine israelischen Mannschaftskollegen. Als er überlebte, nur weil er das Glück mit der richtigen Zimmernummer hatte.

Dan Alon war Fechter wie sein Vater. Er war israelischer Meister im Florett, seit 1968, mehrfach. 1972 kam Alon schon früh nach München, sehr früh. Zwei Wochen vor der Eröffnung reiste er an zusammen mit Yehuda Weinstein, auch ein Fechter, und seinem Trainer Andre Spitzer. Sie kamen ins Olympische Dorf, dort wies man ihnen das Quartier zu. Connollystraße 31, erster Stock. Die Appartements mit den Nummern 1, 2 und 3, sie hatten freie Auswahl. War auch sonst noch keiner da. Sie standen davor, und Dan Alon sagt, er könne es sich bis heute nicht erklären, warum: „Aber ich wollte vom allerersten Moment an nur in Zimmer 2." Sein Trainer Spitzer habe sich noch gewundert, warum er, Alon, so sehr darauf bestehen würde, und Alon erzählt, er habe seinen Coach noch überreden wollen, mit ihm gemeinsam das Zimmer zu beziehen. „Aber Andre lachte nur und sagte, er nimmt Nummer 1." Yehuda Weinstein folgte Alon auf Zimmer 2, ein Sechsbett-Zimmer, später zogen noch vier weitere Israelis ein. Die Sportschützen Henry Hershkovitz und Zelig Shtorch, Geher Shaul Ladany, Schwimmer Avram Melamed. Das rettete ihnen das Leben.

Die Eröffnung, eine wunderschöne Zeremonie. „Für mich ging damit ein Traum in Erfüllung", sagt Alon, „zu zeigen, dass wir als

*„Unser schöner Traum wandelte sich in einen Albtraum": Der israelische Fechter Dan Alon, ein Überlebender des Olympia-Attentats 1972.*

israelische Sportler auf deutschem Boden bei Olympischen Spielen antreten duften. Dass uns die Menschen zujubelten, als wir einmarschierten, das war ein Glücksgefühl, das ich nie mehr hatte. Ich fühlte mich wie im Himmel." Es war fast nebensächlich für ihn, dass das olympische Turnier für ihn schon bald beendet war. Drei Tage später, am 29. August, als er im Florett-Achtelfinale ausgeschieden war. Eine Medaille, daran hatte Alon eh nicht geglaubt, es ging ihm ja nur ums Dabeisein, um Olympia, um die friedliche Atmosphäre im Olympischen Dorf. „Wir hatten wunderschöne Tage", sagt Alon.

Eines Nachts wachte er plötzlich auf, in Zimmer 2, so gegen halb 5 am Morgen. Es war die Nacht zum 5. September. Draußen war viel Lärm, man hörte Krach, Geschrei, aber Alon nahm das nicht weiter ernst. „Ach, die Südamerikaner wieder", dachte er. Denn laut war es in der Nacht ja oft gewesen, wenn in der Nähe wohnende Sportler aus Uruguay gleich daneben wieder feierten bis zum Morgengrauen, das

**Dan Alon** (*1945) war als bester Fechter seines Landes einer der Athleten der israelischen Olympia-Mannschaft 1972. Er überlebte das Massaker und lebt heute in Tel Aviv.

machten sie oft. Oder waren es die Koreaner, die im zweiten Stock über ihnen gerne mit den Rollschuhen durch die Gänge fuhren? Alon versuchte weiterzuschlafen.

Dann hörte er die Salven von Maschinenpistolen. Alon sagt: „Dann wusste ich, es ist keine Feier mehr." Alon sah aus dem Fenster, er sah, wie ein Mann mit einem weißen Hut mit zwei Polizisten sprach, Alon sagt, er verstand jedes Wort, er verstand, dass der Mann mit dem weißen Hut ein Terrorist war. Er verstand, dass seine Freunde nun Geiseln waren. Auch Spitzer in Zimmer 1.

In Zimmer 1 waren die acht Palästinenser als erstes eingedrungen. Warum sie danach nicht auch Nummer 2 überfielen, darüber kann Dan Alon auch nur spekulieren. „Ich vermute, dass die Terroristen nach weiteren Israelis fragten und Andre sie dann in Zimmer 3 führte, in der Hoffnung, dort die Attentäter überwältigen zu können. Dort waren nämlich unsere kräftigen Sportler. Die Ringer, die Gewichtheber." Es war eine vergebliche Hoffnung. Ringer-Trainer Moshe Weinberg starb als Erster, ihn schleppten die Terroristen unten vor die Haustür. Gewichtheber Josef Romano wurde angeschossen und verblutete.

Alon und die fünf Zimmergenossen harrten in ihrem Appartement aus. „Wir hatten große Angst", sagt er, „wir wussten nicht, was wir tun sollten. Ob es bald vorüber ist." Aber das war es nicht, es dauerte sehr lange. Nach einigen Stunden entschieden sie sich zur Flucht. Sie öffneten die Zimmertür, Terroristen sahen sie keine, die waren alle nebenan, dann liefen sie durch das Rückgebäude in den Garten, in die Obhut von Polizisten. Sie waren gerettet.

Den Rest des Tages blieben sie dort. Alon sah, wie sein Trainer und die übrigen Geiseln in den Hubschrauber stiegen und nach Fürstenfeldbruck flogen. Er sah am Bildschirm, wie es dort am Fliegerhorst endete und keiner seiner Freunde überlebte. Am Tag darauf war er wieder im Olympiastadion. Zur Trauerfeier. „Unser schöner Traum", sagt Dan Alon, „hatte sich in einen schlimmen Albtraum verwandelt." Nach der Trauerfeier ging Alon zurück, er packte seinen Koffer für den Rückflug nach Israel. Er schaute in die Zimmer 1 und 3, er sah das Chaos, die Verwüstung, das Blut an der Wand. Er sah Spielsachen, die Väter als Souvenir gekauft hatten, die sie ihren Kindern mitbringen wollten. Nun kamen die Väter in Särgen zurück.

*Für eine Dokumentation des „Biography Channel" kehrten sieben israelische Überlebende des Attentats in den Olympiapark zurück: Zelig Shtorch, Gad Tsabary, Dan Alon, Shaul Ladany, Yehuda Weinstein, Henry Hershkovitz, Avram Melamed (v.l.).*

Auch Dan Alon saß in der Maschine, die die Opfer nach Tel Aviv brachte. Zuhause brauchte er viele Monate Schlafmittel. Niemand, sagt er, habe ihm eine Therapie angeboten, nicht der Fechtverband, nicht Israels NOK. „Ich musste da alleine durch." Nach einer Pause begann er wieder zu fechten, 1973 sollte er zu einem Turnier in Paris. Er erfuhr, dass dort kein Geld zum Schutz der israelischen Sportler vorhanden war, er blieb in Israel, er beendete seine Karriere.

Dan Alon heiratete, wurde Vater von drei Kindern. Er wurde Unternehmer, er gründete eine Firma für Verpackungsmaterial. Er hatte damit Erfolg. Aber das Trauma verfolgte ihn weiter. „Immer wieder befiel mich die Angst", sagt er, „manchmal wachte ich auf und rief die Polizei, es war eine Paranoia." Und es war auch eine Wut. Nicht wegen der Pannen der Behörden bei der gescheiterten Befreiung der Geiseln in Fürstenfeldbruck. Viel mehr wegen der laxen Sicherheitsvorkehrungen zuvor. „Wie leicht man in das Olympische Dorf gehen konnte, wie wenig Schutz wir Sportler hatten, das war unprofessionell", sagt Alon, „das ist unverzeihlich."

Über das Erlebte sprechen konnte er lange nicht, 2002 führte ihn eine Geschäftsreise erstmals wieder nach München. Mitten in der Nacht stand er im Hotel auf, nahm sich ein Taxi und fuhr in die Connollystraße 31. „Dort saß ich dann vor dem Eingang", sagt er, „die ganze Erinnerung kam hoch." Nach einer Pause fährt er fort und sagt: „Eine schlechte Erinnerung." Erst 2005, als Steven Spielberg das Attentat in „Munich" verfilmte, erzählte er seinen Kindern davon. Einen Sohn nahm er im Herbst 2011 mit nach München, er zeigte ihm das Stadion, das Dorf, das Haus. Wenige Monate später kehrte er dann erneut zurück, für eine Dokumentation des „Biography Channel" mit dem Titel: „Der elfte Tag – Die Überlebenden von München 1972". Mit dabei waren Ladany, Hershkovitz, Shtorch, Melamed, Weinstein. Und der Ringer Gad Tsabary, er hatte sich zu Beginn der Geiselnahme aus Zimmer 3 gerettet.

Jeder hatte seine eigene Geschichte. Shtorch etwa erzählte, dass er mit seiner Kleinkaliberwaffe einen der Terroristen im Visier hatte. Dass er sich aber nicht traute zu schießen und er sich bis heute fragt, ob er seine Freunde nicht hätte retten können. Ein quälender Zweifel, der ihn nie mehr los lassen wird.

Dan Alon sagt, je mehr er in den vergangenen Jahren darüber gesprochen habe, desto mehr habe er das Erlebte verarbeiten können, desto mehr habe sich die Angst gelegt.

Das Leben ging weiter bei Dan Alon, er sagt, ganz wird er das Trauma nie überwinden können, aber er sei schon sehr viel weiter als früher.

Neulich war ein Mann bei ihm, mit dem er vor einiger Zeit Freundschaft geschlossen hat. Der Freund brachte Dan Alon eine Flasche selbstgemachtes Olivenöl mit. Dan Alon sagt, sie hätten wieder einmal lange zusammengesessen und viel gelacht.

Der Freund ist Araber aus Palästina.

# Michael Amberger

*Von Lothar getadelt, von Beckham geadelt:
Der Rasen als gutes Pflaster*

Lothar Matthäus hatte aber auch schon gar keine Ahnung. Was Lothar Matthäus sagte, war schlicht und einfach Unfug. Nach einem Heimspiel mit seinem FC Bayern hatte sich Matthäus doch allen Ernstes darüber beschwert, dass er in einen Hundehaufen hineingestiegen sei.

Ein Hundehaufen. Im Olympiastadion. Auf dem Rasen.

Das war es natürlich nicht. Es war die Hinterlassenschaft von einigen Graugänsen, die hier übernachtet hatten. Graugänse übernachteten hier oft, wenn sie an einem Wintertag über den verschneiten Münchner Norden flogen und nach unten schauten. Dann war dieser grüne Fleck im Olympiastadion der einzig einladende Ort und schön warm war er ja auch, wegen seiner Rasenheizung. Aber Hundehaufen, wirklich nicht, und Uli Hoeneß hatte schon recht, als er sagte, dass Lothar Matthäus nicht zum Greenkeeper des FC Bayern taugen würde. Ein Greenkeeper hätte das mit den Graugänsen nämlich gleich gewusst. Wie Michael Amberger, der Landschaftsgärtner vom Olympiapark.

Seit 1991 arbeitet der Gartenbaumeister Amberger jetzt schon im Olympiapark. Er ist zuständig für die gesamten Grünanlagen, kürzlich hat er ein Baumkataster erstellt. Er hat alle 2273 Bäume des Olympiaparks erfasst, alles digital gespeichert. Vogelkirschen und Kastanien. Linden und Eschen. Spitzahorn und Silberweiden. Eine Naturanlage, entworfen vom Landschaftsarchitekten Günter Grzimek, der dem Areal einen voralpinen Charakter verschaffen wollte. Eine leichte, beschwingte Struktur, offen, weitläufig, damals wie heute.

30 Hektar umfasst der Grünbereich, aber das Herzstück war lange Jahre 105 mal 68 Meter groß und hatte die Form eines Rechtecks. Der Rasen im Olympiastadion. 1996 wechselte Amberger einmal den Rasen aus. Bis dahin lag der Untergrund von 1972 drin,

ein Sand-Torf-Gemisch, damals wurde noch richtig vor Ort ange-sät. 24 Jahre später war das anders. Amberger besorgte eine hoch-wertige Sand-Lava-Oberboden-Kombination aus der Eifel, der bereits fertige Rasen wurde darüber ausgerollt, in Bahnen, 20 Meter lang, 70 Zentimeter breit. Angesät hatte Amberger den Rasen schon vorher. Zwei Fünftel Wiesenrispe der Sorten Limousi-ne und Cynthia. Drei Fünftel Weidelgräser. Elka, Loretta, Merci. Der Fußball-Rasen, eine Wissenschaft für sich. Amberger sagt, da mache eben jeder Greenkeeper in deutschen Fußballstadien etwas anderes. Aber Amberger machte es schon richtig gut.

Selten gab es Beschwerden, neben Matthäus und den Gänsen. Volker Finke schimpfte in seiner Zeit als Trainer des SC Freiburg einmal über den „Acker" im Olympiastadion, das schmerzte auch Amberger. Acker. Wenn man mit so einer Hingabe Stunden und Tage den Platz hegt und den Rasen stutzt, auf die üblichen 2,5 Zen-timeter, dann hört man das nicht gern. Acker.

Lieber hörte Amberger da schon das Lob eines Engländers, und wenn sich jemand in der Grünpflege auskennt, dann der Engländer. David Beckham war es, der nach dem Abschlusstraining mit seiner Mannschaft sagte, er habe noch nie auf einem so guten Platz gespielt.

Der Rasen war für ihn ein gutes Pflaster. Tags darauf gewann England gegen Deutschland 5:1, September 2001. Das einzige deutsche Tor schoss Jancker.

Jancker. Das war auch so jemand für Amberger. Der Bayern-Koloss im Sturm. Ein Albtraum. Mit seiner Spielweise, wenn er mit der Masse seines Körpers mehr auf dem Rasen schob, als dass er über ihn lief. Wo er hintrat, wuchs kein Gras mehr. Wenn Jancker spielte, machte Amberger am nächsten Tag Überstunden.

Es gab Spieler, die ihm mehr Freude machten. Filigraner waren. Scholl, Ze Roberto, Deisler. Feine Techniker. Überhaupt, sagt Amber-ger, war auch für ihn am schönsten, wenn beide Mannschaften Raum übergreifend spielten. Bayern gegen Real Madrid zum Beispiel, Streicheleinheiten für den Platz. „Weil sie sich alle schön gleichmäßig ver-teilt hatten", sagt er, „schlimm waren nur immer die Vereine, die sich bedin-

**Michael Amberger** (*1962) arbeitet seit 1991 im Olym-piapark. Als Greenkeeper ist er zuständig für die Grünan-lagen im Park. Dazu pflegte er viele Jahre den Rasen im Olympiastadion.

gungslos an den eigenen Strafraum gestellt haben. Da war am nächsten Tag der Platz rund um den Sechzehner braun. So Mannschaften wie Duisburg, Bochum, Köln." Und wenn bei einer Europacup-Auslosung so etwas wie Norwich City oder die Raith Rovers als Bayern-Gegner gezogen wurde, dann legte sich Amberger schon einmal einen Stapel Soden extra zurecht. Kleine Rasensoden, die er dann danach zu verlegen hatte.

*Der Hüter der Grünanlagen: Landschaftsgärtner Michael Amberger*

Natürlich hätte Amberger gerne noch mehr Grasnarbengrätscher hier erlebt, lieber als gar keinen Fußball. „Der Auszug nach Fröttmaning war schon bitter", sagt er, „ich hab's auch nicht verstanden, das hier war doch ein Traumstadion zum Fußballspielen." Im Mai 2012 wurde er fast wehmütig, für das Champions-League-Finale der Frauen rollte er dann wieder einen Rasen im Stadion aus, und da war der Platz dann endlich auch schief.

Denn die alte Spielfläche bis 2005 war eben. Das klingt nach einem Idealrasen, aber das ist es ist nicht, weil sich das Wasser bei Regen hart tut, abzulaufen. Also legte Amberger den Einweg-Platz schräg an. Gefälle 0,8 Prozent, ganz nach der DIN-Vorschrift. Und dann kam der Rasen auch schon wieder raus.

Amberger hat auch sonst genug zu tun. Mit den Bäumen, Büschen, Sträuchern, den Pfeifengraswiesen und Latschenkiefern. 2009 entleerte er auch einmal den 1,2 Kilometer langen Olympiasee, ließ 125 Millionen Liter Wasser ab, entschlackte ihn mit seinen Helfern von 9000 Tonnen Schlamm, die sich an der bis 1,43 Meter tiefen Bitumenwanne festgesetzt hatten.

Draußen, den Rasen in Fröttmaning, hat Amberger schon oft gesehen. Amberger sagt, es ist ein gutes Verhältnis mit dem Greenkeeper dort, der lieh ihm fürs Champions-League-Finale der Frauen sogar den Rasenmäher. Bis ins letzte Detail freilich tauschten sie sich nicht aus. Ist ja auch das ganz eigene Betriebsgeheimnis, wie das so ist mit Wiesenrispe und Weidelgras.

# Fritz Auer

## *Mit Sägemehl und Zahnstochern:*
## *Der Weg zum Zeltdach*

Das Aus kam gleich in der ersten Runde. Kurz und schmerzlos. Ging ganz schnell, wobei, ganz ehrlich, das vorzeitige Ende war auch nicht überraschend. So richtig hatte Fritz Auer ja eh nicht daran geglaubt, dass der Entwurf von Günter Behnisch und seinen damaligen Partnern wirklich eine realistische Siegchance hätte. Freilich, das in die Tat umzusetzen, wäre natürlich schon eine tolle Sache gewesen. Diese freundliche und offene Architektur ohne martialische Vertikalbauten. Diese runde und geschwungene Modellierung des Stadions und der Hallen. Die liebevoll gewundenen Wege, die harmonische Einbettung der Bauten in die grüne Landschaft ringsherum, und natürlich diese atemberaubende Zeltdachkonstruktion. Aber vermutlich war es einfach eine Illusion, reine Utopie, dass so ein Vorschlag wirklich durchkäme, ein schöner Traum, mehr nicht.

Und so sahen es im Oktober 1967 eben auch die Juroren des Architektenwettbewerbs für den Münchner Olympiapark. Zu kühn, zu waghalsig, ja einfach zu g'spinnert, und deswegen war dieses Zeltdach-Modell von Auer, Behnisch & Co. von den insgesamt 104 eingereichten Modellen eines der allerersten, das sie rauswarfen. Wie es dazu kam, dass der Entwurf schlussendlich dann doch noch gewann, dass der Olympiapark doch genau so gebaut wurde, dass er heute weltweit mit das bekannteste Wahrzeichen der Stadt München ist, so kühn, so waghalsig, so g'spinnert. Das, sagt Fritz Auer, hätten sie vor allem Egon Eiermann zu verdanken gehabt. Eine Geschichte von vielen, die der olympische Baumeister zu erzählen hat.

Fritz Auer, Jahrgang 1933, geboren in Tübingen. Es gab in Deutschland bessere Zeiten, um auf die Welt zu kommen. In den Fünfzigern studierte er in Stuttgart und Amerika, und dann, als er 32 war und fertiger Diplom-Ingenieur, trat er in das Büro von Gün-

*„Wir markierten die Wege mit Wollfäden": Architekt Fritz Auer, der neben Günter Behnisch maßgeblich an der Konzeption des Olympiaparks beteiligt war.*

ter Behnisch ein, dem späteren Büro „Behnisch & Partner". Es war eine junge wilde Truppe, und als im Februar 1967 der nationale „Ideen- und Bauwettbewerb für die Bauten und Anlagen der XX. Sommerspiele auf dem Oberwiesenfeld in München" ausgelobt wurde, da meinte Behnisch zunächst, das sei nichts für sie. „Sein Argument war, dass man auf anderen Gebieten wie Schul- und Universitätsbauten mehr Erfahrung und damit größere Chancen hätte", sagt Auer.

Auer konnte damals Behnisch und die übrigen trotzdem überzeugen, er sprach davon, dass es eine einmalige und nie wiederkehrende Gelegenheit sei, außerdem hatte er auch emotional einen Bezug zu Olympischen Spielen. „Dafür hatte ich mich schon als Kind begeistern können, durch die Zigarettenbilder-Alben von den Spielen in Garmisch und Berlin." Auch wenn die Spiele '72 natürlich einen bewussten Gegenpunkt setzen sollten zur Nazi-Propaganda von anno '36.

Auer recherchierte, er sichtete in der Stuttgarter Unibibliothek Bücher und Dokumentationen über Sportstätten, und immer mehr blieb er schließlich bei Stadien in Osteuropa hängen, in Polen und der Sowjetunion, in Kattowitz und Charkow, bei sogenannten Erdstadien. Arenen, bei denen nicht klassisch in die Höhe gebaut wird, sondern in die Tiefe, Stadien, die aus einer ausgehobenen Grube bestehen und den Ausschüttungen ringsum, welche die Tribünen bilden. „So wie das Olympiastadion auf seiner Ostseite wurde", sagt Auer. In die Höhe gebaut wurden die Tribünen schließlich ja nur unter dem Dach. Eine Idee vom Stadion hatten die Architekten also schon. Es fragte sich nur, wohin damit? Die Baufläche des Oberwiesenfelds war schließlich recht groß. Also fuhr Auer selbst dorthin. An einem sonnigen Frühlingssonntag im April 1967 zusammen mit Carlo Weber, der bis heute sein Architektenpartner bleiben sollte.

Sie gingen auf den Schuttberg, der Fernsehturm war damals schon im Bau, aber er war erst ein kleiner Sockel, sie sahen hinunter und waren sich einig: Links das Stadion, daneben die Olympiahalle, rechts daneben die Schwimmhalle, alles eng zusammen. So kam es dann ja auch. Nur an ein Zeltdach hatte da noch keiner gedacht. Diese Idee kam dann von Cord Wehrse.

Cord Wehrse war neu zum Olympia-Team um Behnisch, Auer und Weber gekommen, und Wehrse wurde zu einem der kreativsten Köpfe. Auer erinnert sich, wie sie oft bis tief in die Nacht hineinarbeiteten. „Wir hatten ein Modell, Maßstab 1:1000. Auf einer Tischplatte mit Sägemehl, die war zwei mal eineinhalb Meter groß, auf der wir die Wälle modellierten und die Wege mit Wollfäden markierten." Bei der Arbeit bis tief in die Nacht hörten sie auch immer Musik, die Musik der damaligen Zeit eben, und ein Lied, das wie ein Ohrwurm sie ganz besonders inspirierte: „Haha Said The Clown", der damalige Nummer-1-Hit von Manfred Mann's Earth Band. Auch recht g'spinnert, das Lied.

Die Arbeit wurde immer detailverliebter, so hatte Wehrse urplötzlich die Idee, den bis dahin kerzengerade und völlig unauffällig verlaufenden Nymphenburger Kanal zu einem künstlichen See aufzustauen, als neues Landschaftselement. Mit der Zeltdach-Idee kam Wehrse dann eines Morgens daher, in Montreal lief in diesem Jahr gerade die Expo, die Weltausstellung, und Wehrse hatte in der Zeitung ein Bild des Deutschen Pavillons gesehen, unter anderem entworfen von Frei Otto, mit einem an acht, zwischen 14 und 38 Meter hohen Masten befestigten Seilnetz und einer Fläche von 8000 Quadratmetern. „Wir wussten sofort", sagt Auer, „dass dieses Überdachungsprinzip eine kongeniale Ergänzung zu unserer Konzeption sein würde." Und damit nicht nur das Stadion partiell zu überdachen, sondern auch die beiden bis dahin einzeln separiert da stehenden Hallen und damit eine Einheit zu erschaffen. Nur, wie sollte man auf der Tischplatte so ein Zeltdach und solche Masten simulieren? „Ganz einfach", sagt Auer, „mit einem Damenstrumpf und Zahnstochern."

Dafür brauchte es einen gewirkten Strumpf, einen in alle Richtungen dehnbaren, eine Laufmasche irgendwo zwischen Olympiastadion und Schwimmhalle konnten sie nicht brauchen. So einen Strumpf hatte Auers Frau, und als sie ihn dann auf Zahnstochern aufgespießt und am Boden mit Reißnägeln fixiert hatten, da sah das schon wirklich sehr schön aus. Nur, würde das auch in Realität halten, war doch die Fläche des Dachs hier ungleich größer als in Montreal? Auer sagt, dass sie da immerhin recht optimistisch gewesen wären.

Anfang Juli war Abgabetermin, die Entscheidung, welche Architekten den Zuschlag erhalten sollten, fiel schließlich drei Monate später im Oktober, am Freitag den 13. „Ein Tag", sagt Auer, „den wir wirklich nicht mehr auf der Rechnung hatten." Die Qualifikation für Olympia hatten die Stuttgarter Architekten bereits abgehakt. Günter Behnisch weilte an jenem Tag in einer Gemeinderatssitzung in Rothenburg ob der Tauber, Auer auf der Baustelle des Gymnasiums Waiblingen, und dann war es kurz vor 20 Uhr, als bei Auer zu Hause das Telefon klingelte und ein Zeitungsreporter meinte: „Wissen Sie, was heute passiert ist." Auer stutzte, woraufhin der Journalist die frohe Kunde überbrachte: „Sie haben den Wettbewerb für die Olympischen Spiele gewonnen." In diesem Moment, sagt Auer, sei ihm ganz anders geworden. „Ich war vom Schlag getroffen, ich wurde ganz schwach." Auer schaltete die Tagesschau ein, auch dort war das eine Meldung, und der Sprecher sagte die Namen aller Architektenpartner und das machte ihn in dem Moment schon sehr stolz.

Fritz Auer (*1933) war als Architekt zusammen mit Günter Behnisch maßgeblich verantwortlich für den Entwurf und die Entwicklung des Olympiaparks mit seinen Sportstätten und dem Zeltdach. Er lebt in Stuttgart und in München, das in beiden Städten beheimatete Architekturbüro „Auer+Weber+Assoziierte" leiten nun seine beiden Söhne Moritz und Philipp.

*Eine kühne Vision, die letztendlich doch realisiert wurde:*
*Das Zeltdach-Modell der Architekten Behnisch und Partner, hier in einer*
*weiter verfeinerten Bearbeitung nach dem Gewinn des Wettbewerbs.*

Später trafen sich die Sieger zur Feier des Abends noch in der Bürobaracke in der Stuttgarter Äckerwaldstraße. Der Abend wurde lang und die Nacht kurz, und als der Morgen dämmerte, kam eine Bäckerin vorbei und brachte einen Korb ineinander verknoteter Brezen in Form der fünf olympischen Ringe.

Erst lange Zeit später erfuhren die Architekten, wie das alles überhaupt gelaufen war in der Jury. Tatsächlich wurde der Entwurf zunächst abgelehnt, doch dann intervenierte eben der besagte Egon Eiermann. Als einer der bedeutendsten Nachkriegs-Architekten der Republik entwarf er unter anderem die Gedächtniskirche in Berlin, den „Langen Eugen", das Abgeordnetenhaus in Bonn und den Deutschen Pavillon auf der Weltausstellung in Brüssel 1958.

Eiermann stand auch der Olympia-Jury vor, es tat ihm weh, dass seine Kollegen aber auch gar nichts vom Zeltdachmodell hielten, denn er war einer der wenigen, die begeistert waren von diesem Entwurf. Noch einmal ging er durch die Ausstellung mit den eingereichten Vorschlägen hin zum Strumpfhosen- und Zahnstocher-Modell, sprach mit den beiden Münchner Oberolympioniken, OB Hans-Jochen Vogel und NOK-Chef Willy Daume, dass dieser Entwurf so visionär und einzigartig sei, dass er und nur er gewinnen dürfe. „Eiermann redete dann in einem flammenden Plädoyer so leidenschaftlich auf das Jury-Gremium ein", sagt Auer, „dass sie am Ende doch für uns votierten". Um damit den Weg zu ebnen für einen Olympiapark, der mit seiner Architektur zum Sinnbild werden sollte für ein neues und modernes, weltoffenes und demokratisches Deutschland.

Was damals aber wenig gebracht hätte, wenn das Zeltdach zusammengekracht wäre, denn da blieb die Jury in ihrer Beurteilung ratlos skeptisch: „So ist es fraglich, ob bei diesen Dimensionen das Vorbild der Montrealer Zeltkonstruktion für ein Dach dieses Ausmaßes als Dauerbauwerk ausgeführt werden kann. Das Preisgericht sieht sich nicht in der Lage, sich über die Brauchbarkeit dieses Vorschlages definitiv zu äußern." Und so blieb die Konstruktion lange noch ein Streitfall, es gab viele, die den Stuttgarter Architekten aufs Zeltdach stiegen. Der damalige bayerische Finanzminister Konrad Pöhner etwa wetterte, so etwas käme ja auch gleich gar nicht in Frage.

Schließlich, ab Januar 1968, half dann auch Architekt Frei Otto mit, der überzeugt war, dass das Dach auch in dieser Größe machbar sei. „Was dann noch offen war", sagt Auer, „war die Frage des Materials." Woraus sollte die Wetterhaut bestehen? Aus Metall? Aus Holz? Aus PVC-Folien?

Die Antwort lieferten die Olympischen Sommerspiele in Mexiko im gleichen Jahr. Das Farbfernsehen schritt damals immer weiter voran, doch bei den Übertragungen aus dem Stadion von Mexico-City gab es große Probleme. Das kompakte Dach sorgte im Stadioninneren für einen zu abrupten Übergang zwischen Licht und Schatten, die Kameraleute mussten permanent ihre Blenden auf- und zuziehen. „Nach dieser Erfahrung suchten wir nach einem lichtdurchlässigen Dach", sagt Auer. Eine Firma aus Darmstadt entwickelte eine Dacheindeckung aus Acrylglasplatten, und schließlich, im Frühjahr 1972 war dann alles fertig, gab es im Stadion bereits die ersten Testwettkämpfe.

In der „Süddeutschen Zeitung" schrieb der damalige Feuilleton-Redakteur und Architektur-Kritiker Peter M. Bode im November 1971: „Eigentlich grenzt es für den, der den zermürbenden Kampf um die olympische Architektur nach dem großen Wettbewerb direkt und engagiert miterlebt hat, fast an ein Wunder, dass schließlich doch in allen wesentlichen Bereichen das preisgekrönte olympische Konzept ohne gravierende Abstriche verwirklicht werden konnte. Und es befriedigt einen, dass der umstrittenste Teil des Entwurfs, das zeltartige Seilnetz-Dach über dem Hauptstadion und der Sport- und der Schwimmhalle, nach wie vor als der entscheidende, geniale Wurf der Wettbewerbsarbeit angesehen werden muss. Die bitteren Auseinandersetzungen um das Dach haben sich also gelohnt."

Bode hob danach zu einer Eloge an, zu einer Liebeserklärung an die „faszinierenden Silhouetten der schwingenden, kühn konstruierten Dächer", an die „konkaven Bögen und konvexen Krümmungen", an die „grazile Leichtigkeit und die bewegliche Eleganz". Seinen Unmut äußerte er nur über die Farbgebung der Pylonen, hier störte er sich an der Aluminiumfarbe, darum schlug er ein „kräftiges mitteldunkles Blau" vor.

Später, viel später, kam dann die Diskussion zum Fußballstadion auf, der FC Bayern wollte eine neue Arena ohne Laufbahn, dazu brauchte es eine Komplettüberdachung, um ein taugliches Stadion für die WM 2006 zu haben. Es gab bereits ein Modell, das damals „Konsensmodell" hieß, aber bei der entscheidenden Stadtratssitzung am Nikolaustag 2000, sorgte Manfred Sabatke aus dem Behnisch-Büro für eine dramatische Wende, in dem er urplötzlich die Zustimmung der Architekten zum Umbau des Olympiastadions zurückzog. Das war der Anfang von Fröttmaning.

Fritz Auer ist froh, dass letztlich durch den Bürgerwillen das Stadion so geblieben ist wie es war, dass die Einzigartigkeit erhalten blieb und man sich nicht auf einen halbgaren Kompromiss einigte. Er weiß, dass der Auszug des Fußballs dem Olympiapark weh tat und er weiß auch, dass es ein schwieriger Spagat ist. „Man möchte den Park so wie er war erhalten", sagt er, „und natürlich möchte man ihn auch mit Leben füllen. Wenn man sich die nacholympische Nutzung in anderen Städten ansieht, ist das einfach ein Traum hier. Aber man muss dabei auch das richtige Maß halten." Seit 1980 hat er ein Büro in Stuttgart und eines in München. Seine beiden Söhne haben das operative Geschäft übernommen, und manchmal steht Fritz Auer noch oben auf dem Olympiaberg, wie einst an jenem Aprilsonntag 1967, als hier noch gar nichts war. „Ich gebe zu", sagt Auer, „der Anblick des Ganzen erfüllt mich jedes Mal mit Stolz." Weil sie die Idee hatten und dazu beitrugen, sie zu realisieren, diese wunderschöne Spinnerei.

# Willy Bogner

## *Mark Spitz und die Terroristen:*
## *Impressionen des Filmemachers*

Drüben stand er, auf der anderen Seite. Hinter ihm über der Gegengerade wehten bunt die Fahnen der 122 teilnehmenden Nationen, vor ihm kamen die Athleten durchs Marathontor ins Stadion einmarschiert. Willy Bogner hatte die beste Perspektive, bei der Eröffnungsfeier der Sommerspiele von 1972, als Kameramann des offiziellen Olympia-Films.

München, Klappe, die Erste.

Bogner sagt, die Stimmung sei unglaublich gewesen und habe ihn sehr berührt. „Es waren emotionale Stunden, diese Atmosphäre hautnah mitzuerleben. Und was das für ein magischer Moment ist, bei so einer Zeremonie als Athlet dabei zu sein, das wusste ich ja schon vom Winter her." Wo er selbst ja aktiv gewesen war und um Medaillen kämpfte.

Willy Bogner, schon sein Vater hieß Willy, schon sein Vater machte in Mode, schon sein Vater war ein erfolgreicher Wintersportler, Nordische Kombination, elfmal Deutscher Meister. Bei den Spielen von Garmisch schwor Willy Bogner senior den Olympischen Eid, die Bogners und die Eröffnungsfeiern, eine ganz besondere Beziehung. Zu Olympia fuhr Willy junior erstmals 1960, mit 18, er fuhr als Favorit dorthin. Vorher hatte er als erster Deutscher das berühmte Lauberhorn-Rennen gewonnen, die Abfahrt in Wengen. Beim Olympia-Slalom von Squaw Valley führte Bogner nach dem ersten Durchgang, dann schied er aus. Ohne Medaille fuhr er auch aus Innsbruck 1964 heim, 1967 beendete er die Karriere.

Bogner übernahm das Geschäft seines Vaters, er drehte Filme. Schon 1960 hatte er mit einem kleinen Amateur-Film in Squaw Valley für Aufsehen gesorgt, in Grenoble dreh-

> **Willy Bogner** (*1942) ist Münchner Modedesigner und Filmemacher. 1972 filmte er als Kameramann im Olympiastadion die Eröffnungsfeier, ab September 2009 war er zehn Monate lang Chef der Bewerbung Münchens um die Winterspiele 2018.

te er dann für Regisseur Claude Lelouch den offiziellen Olympia-Film. 1968. Das Jahr, in dem sie in Bogners Heimatstadt am Oberwiesenfeld schon das Bauen begonnen.

„Es war unglaublich beeindruckend zu sehen, wie das mit den Jahren entstand", sagt Bogner, „dass man den Mut hatte, das anzugehen, auch bei der Leichtigkeit der Architektur." So erfüllte sich für ihn ein Traum, als er einer der Kameramänner werden durfte, die den offiziellen Dokumentationsfilm der Spiele drehen durften, den Film, den sich acht Regisseure in verschiedene Episoden aufteilten, von Milos Foreman bis John Schlesinger.

Bogner erinnert sich an Wettkämpfe wie Basketball in der Rudi-Sedlmayer-Halle oder an Momente, die sonst keiner sah. Außer ihm und seiner Kamera. In der Schwimmhalle, in der Umkleide, als er lange, sehr lange, Mark Spitz filmte, den sensiblen US-Star, wie er sich auf sein nächstes Finale vorbereitete. Wie er da saß, in seiner tiefsten Konzentrationsphase, wie er gar nicht mitbekam, dass er gefilmt wurde, und wenn er es mitbekommen hätte, dann hätte er Bogner vermutlich auch hochkant rausgeworfen. „In diesen Momenten", sagt Bogner, „musst du dich einfach ganz ruhig verhalten." Und das musste Bogner auch am 5. September.

Schon am Morgen hatte er gehört vom Überfall, er fuhr mit seiner Filmcrew raus ins Dorf, er fand ein Haus, er ging aufs Dach, und dort lag er mit seiner Kamera, in unmittelbarer Nähe der Connollystraße 31. „Wir sahen auf den Balkon, wir sahen die vermummten Entführer, es war gespenstisch." Selten habe er schwierigere Momente erlebt, sagt Bogner. Bis dahin hatte er ja vor allem die schönen Seiten des Sports gedreht, tolle Bilder, harmlos, nichts Politisches. Aber dann das. „Es war nicht leicht, das hat einen natürlich berührt und entsetzt. Aber man hatte ja einen Auftrag zu erfüllen, und wenn man diesen Beruf ernst nimmt, dann musst du so etwas ausklammern." Bogner filmte, wie später der Hubschrauber mit Terroristen und Geiseln direkt über ihn hinweg flog, am Tag danach war er wieder im Stadion. Hinter ihm wehten keine fröhlichen Fahnen. Hinter ihm wehten die Fahnen auf Halbmast.

Bogner drehte auch bei der Schlussfeier und in den Jahren danach. Bei Aufnahmen für neue Kollektionen seines Unternehmens im Olympiapark. Über Olympia damals sagt er: „Die Spiele

*Als Fan kam er später auch einmal zum Public Viewing ins Olympiastadion: Willy Bogner, der 1972 die Eröffnungsfeier der Sommerspiele als Kameramann filmte.*

haben die Stadt verändert und ihre Wahrnehmung in der ganzen Welt. München war ein großartiger Gastgeber und wäre auch 2018 einer gewesen." Das war sein Traum.

Die Winterspiele nach München zu holen.

Die Idee Olympischer Winterspiele war schon 1988 im kleinen Kreis entstanden, drüben in Calgary. Beim Gespräch zwischen Willi Daume und Walther Tröger vom NOK, Werner Göhner und Wilfrid Spronk vom Olympiapark. Die Umsetzung dauerte lange, dann, nach derben Blamagen bei Sommerspielbewerbungen wie Berlin für 2000 und Leipzig für 2012, machte der Deutsche Olympische Sportbund den Weg frei für einen Anlauf Münchens und Garmischs.

Im November 2009 wurde Bogner Bewerbungschef, aber es wurde eine schwierige Zeit, mit undiplomatischen Äußerungen eckte er an bei Politikern wie bei Garmischer Grundstückseigentümern, nach zehn Monaten trat er zermürbt zurück, es waren gesundheitliche Gründe. „Bereut habe ich es nicht", sagt er, „es war sehr spannend. Ich hatte gehofft, dass ich mit meiner Aufgabe mehr Einfluss habe, aber den hatte ich nicht. Für mich war es halt eine Lektion, dass ich zum Politiker nicht geeignet bin." Den Traum von Olympia in München, noch einmal eine Eröffnungsfeier zu erleben, den hat er nicht aufgegeben.

Noch einmal unten stehen, gegenüber vom Marathontor.

# Paul Breitner

## Der Wahnsinn mit den Kabinen:
## Grantelnde Ordner und besoffene Holländer

Und dann war Schluss. Aus, aus, das Spiel war aus. Breitners Mannschaft hatte verloren. 2:3. Breitner hatte einen Elfmeter verschossen. Er. Breitner. Und im Tor stand auch noch ein Holländer. Am 19. Mai 2012. Am Abend stieg draußen in Fröttmaning das Endspiel in der Champions League, mittags spielten im Olympiastadion alte Bayern-Stars wie Makaay, Babbel, Elber, Jancker, Breitner. Gegen eine Weltauswahl, auch alte Helden. Cafu, Zico, Eto'o, van der Sar, der Holländer im Tor.

Aber richtig tragisch war die Niederlage nicht. War nur ein Gaudi-Kick. Außerdem konnte sich Breitner nach dem Spiel in der Kabine duschen und umziehen. Anders als fast auf den Tag genau 40 Jahre zuvor, am 24. Mai 1972, beim ersten Mal im Olympiastadion. Damals gab es noch gar keine Umkleidekabinen, zwei Tage vor der offiziellen Eröffnung.

Groß wurde Breitner als Kind in Kolbermoor und als Fußball-Fan im Grünwalder Stadion. Seine Eltern fuhren mit ihm auf dem Moped oft nach Giesing, in die alte Stehhalle, später die bestuhlte Gegengerade. 18 war er, als er 1970 zu den Bayern kam, zwei Jahre spielte er noch hier. „Aber schon damals war das Grünwalder völlig versifft", sagt Breitner, „das Olympiastadion war darum ein Quantensprung." Auch wenn das erste Erlebnis dort drinnen ein kurioses war.

Am 26. Mai 1972, einem Freitag, genau drei Monate vor den Sommerspielen, stand das Eröffnungsspiel gegen die Sowjets an. Zwei Tage zuvor, am Mittwoch, hatten die deutschen Nationalkicker ihr erstes Training. „Wir kamen im Trainingsanzug mit dem Bus aus der Sportschule Grünwald", sagt Breitner, „und ich schwör's Ihnen, in meinem ganzen Leben habe ich auch später nie einen besseren Rasen gesehen, und ich habe auf vielen Plätzen gespielt. Wir standen alle nur mit offenem Mund da und sagten: Des is ja der

*„Für mich ist es nach wie vor das schönste Stadion der Welt": Paul Breitner über das Olympiastadion, hier in einem Spiel gegen den VfB Stuttgart.*

Wahnsinn." Dann war das Training vorbei, doch als Breitner und die Mitspieler in die Katakomben unter der Haupttribüne entschwinden wollten, um zu duschen und in frisches Gewand zu schlüpfen, hielt sie ein unwirscher Ordner auf. Er grantelte: „Ja, wos woits Ihr nachad?" – „Ja, umziehen", erwiderte Breitner, worauf er zu hören bekam: „Aba ned da herin." Und als die Nationalspieler fragten, wo denn bitteschön dann, sagte der Sicherheitsmann nur in seinem charmantesten Münchnerisch: „Ja, des woass doch i ned." So kam es, dass sich die Mannschaft auf der Tartanbahn umzog und ungeduscht zurück fuhr nach Grünwald. „Die haben damals tatsächlich vergessen, eine Umkleide miteinzubauen." War ja auch als Leichtathletik-Stadion konzipiert, an große Kabinen für Fußballmannschaften hatte keiner gedacht. Innerhalb von zwei Tagen, erzählt Breitner, hätten die Helfer im Stadion dann doch noch zwei Provisorien errichtet. Zwei Medizinzimmer ausgeräumt, die so groß waren, dass noch Platz blieb, einen kleinen Raum für Sanitäter und Schiedsrichter abzutrennen. Zwei Räume, die dann bis zum Auszug des Fußballs 2005 die Kabinen blieben.

Und so konnte es los gehen, gegen die Sowjets, beinahe hätte Breitner auch das erste Tor geschossen, aber Torwart Rudakow parierte glänzend. Dann traf eben Müller, weil Müller immer traf. Viermal müllerte er, Deutschland gewann vier zu eins. Die Zeitungen schwärmten nach diesem Abend von der Mannschaft, die wenig später auch Europameister werden sollte, aber noch mehr vom Stadion. „Ein toller Anblick, als sich der Abendhimmel im Westen tiefviolett färbte und durch das Acrylglas schimmerte", dichtete ein Reporter tags darauf. Breitner sagt, für den ganzen Fußball sei das Olympiastadion eine neue Dimension gewesen. Nicht wegen der Kulisse, vor 80.000 in Mailand oder 100.000 in Glasgow, das kannten sie schon. Aber wegen des Ambientes.

„Bis dahin", sagt Breitner, „hatte Fußball einen Bäh-Geschmack. Es war für viele proletarisch, dreckig, blöd. Aber durch das Stadion und auch durch Franz Beckenbauer wurde der Fußball dann gesellschaftsfähig." Beckenbauer trat im Zylinder auf, er besuchte den Wiener Opernball, er saß am Klavier. Beckenbauer führte den Sport heraus aus dem Grattler-Image. „Ein Beckenbauer schwitzte nicht", sagt Breitner, „er transpirierte." Und dann eben das neue Olympiastadion, der Komfort, die Schalensitze. Fußball war angesagt, ein Ereignis, fast schon Kultur. Die Münchner hatten plötzlich die Wahl zwischen Kino, Oper, Theater und Fußball. „Wenn die Leut' ihren Pelz herzeigen wollten", sagt Breitner, „dann konnten sie nun auch ins Olympiastadion." Das 5:1 im Juni 1972, das erste Vereinsspiel des FC Bayern am neuen Spielort, am letzten Spieltag gegen Schalke, war somit nicht nur der entscheidende Sieg zur Meisterschaft. Es war auch der Beginn des Münchner Champagner-Publikums. Keines, das wie in England von Anfang an die Mannschaft nach vorne brüllt. Eines, das unterhalten werden will und dann Beifall zollt.

Zwei Jahre später, das Stadion war längst Heimat, kam Breitners größter Moment. Das WM-Finale gegen Holland. Die Holländer mochte Breitner schon damals nicht. Breitner sagt, manche Siege seien schöne Siege, etwa gegen Österreich. Manche seien wunderbar wie gegen England. „Aber es gibt Siege, die stehen über allen anderen, das sind die gegen Holland. Schon vor der WM, wenn

Paul Breitner (*1951) spielte von 1970 bis 1974 und von 1978 bis 1983 für den FC Bayern und bestritt dabei für die Münchner 255 Bundesliga-Spiele. Sein größter Erfolg war der WM-Titel 1974, beim Finale im Olympiastadion erzielte er per Elfmeter den 1:1-Ausgleich. Er ist Repräsentant beim FC Bayern.

wir bis dahin in Holland gespielt haben, wurden wir ausgebuht, bespuckt, als Nazi-Schweine beschimpft. Ich hatte eine große Abneigung gegen Holländer, und die hat sich vor dem Finale ins Unendliche gesteigert." Denn in der mittlerweile schön ausgestatteten Umkleide, da hörten die DFB-Kicker die Holländer singen. Aus der Kabine nebenan. „Sie sangen, dass sie schon Weltmeister sind", erzählt Breitner. Wereldkampioen, sangen sie. „Sie machten sich lustig über uns. Sie führten sich auf wie besoffene Holländer am Oktoberfest." Und die Verhöhnung ging weiter, die Deutschen hatten noch keinen Ball berührt, da führte Holland durch den Neeskens-Elfer nach zwei Minuten schon 1:0. „Das hat uns völlig paralysiert, in diesem Moment hätte ich heulen können. In so einem Moment willst du nur heim zur Mami." Die Holländer ließen den Ball laufen, und Breitner sagt, in den ersten Minuten hätten sie leicht noch zwei, drei Tore schießen können. „Aber sie wollten uns nur vorführen, lächerlich machen." Und das rächte sich.

Dann flog Hölzenbein so schön wie eine Schwalbe im Juli. Es gab Elfmeter, aber keinen festen Elfmeterschützen beim DFB-Team. Bundestrainer Helmut Schön, oft ein Zauderer, hatte sich nicht festlegen wollen. Hoeneß hatte zuvor gegen die Polen versemmelt, Beckenbauer wollte genauso wenig wie Müller. „Es ist nur so, dass ich ab dem Moment des Elfmeterpfiffs keine Erinnerung an die zwei Minuten danach hatte", erzählt Breitner. Wie er sich den Ball nahm, ganz selbstverständlich auf den Punkt legte, wie Wolfgang Overath auf ihn zukam. Overath, der Rheinländer, erzählte später einmal, dass er Breitner fragte, ob er wirklich schießen wolle. Darauf habe Breitner gesagt: „Den hau i nei, und jetzt schleich di." Overath schlich sich, Breitner traf, und als der Schiedsrichter Taylor wieder anpfiff, erwachte Breitner aus seiner Trance. Müller, natürlich Müller, schoss vor der Halbzeit das 2:1, es blieb dabei, Deutschland war Weltmeister.

Es ging zum offiziellen Bankett, das war recht fad, denn die Spielerfrauen durften nicht mit, so war es damals beim DFB. Darum zogen die Weltmeister bald weiter, die Partnerinnen warteten schon, man zog durch München, es wurde eine lange Nacht. Am Morgen fuhren Breitner und seine Frau Hildegard heim nach Brunnthal im Süden Münchens. Dann schaltete er den Fernseher ein.

Damals war vormittags noch kein Programm, außer im ORF. Der ORF nannte das Schichtarbeiterprogramm. Im Schichtarbeiterprogramm lief die Zusammenfassung des Endspiels. Breitner sah die Bilder nun zum ersten Mal. Er sah, wie Hölzenbein flog, und er sich den Ball schnappte. „In diesem Moment habe ich vor dem Bildschirm das Schwitzen angefangen", sagt er, „mir wurde schlecht, ich musste raus. Ich dachte mir, du Riesenrindviech, wie konntest du das nur machen, wenn der nicht reingegangen wär." Ging er aber.

Breitner wechselte nach Madrid. 1976 kam er als Gast, Halbfinale gegen seine alten Bayern, Pokal der Landesmeister, es war keine schöne Rückkehr, die Zuschauer pfiffen ihn aus, Real flog raus. Ein Jahr blieb er noch in Spanien, dann kam Braunschweig, 1978 die Rückkehr nach München. Der FC Bayern war nur Mittelmaß, die Helden der frühen Siebziger, fast alle waren sie weg. Breitner räumte auf, er führte die Spielerrevolte gegen Trainer Gyula Lorant an, Pal Csernai kam, Uli Hoeneß wurde Manager, es ging wieder nach oben.

1983 kam das Karriereende, aber im Olympiastadion war er noch oft, wenn Bayern spielte oder Nostalgie-Veranstaltungen anstanden wie im Mai 2012. „Auch jetzt bin ich von diesem Stadion immer noch so überwältigt wie beim ersten Mal", sagt Breitner. „Es ist für mich das mit Abstand schönste Stadion der Welt. Gigantisch." Auch die Laufbahn außen herum habe ihn nie gestört, im Gegenteil. „Als Spieler bist du sehr froh, wenn du manchmal Distanz hast zum Publikum." Distanz, die es in den modernen, engen Stadien nicht mehr gibt.

In der modernen, engen Arena in Fröttmaning verlor der FC Bayern wenige Stunden nach Breitners Gaudi-Kick das Endspiel gegen Chelsea. Darum war es kein lustiger Abend für Breitner. Viel schöner war wenig später für ihn der Abend des 13. Juni. Bei der EM. Deutschland gewann gegen Holland.

# Henri Francillon

## *Publikumsliebling und Putzmann:*
## *Der Panther, der ein Löwe war*

Ach ja, 1860. Von 1860, sagt Henri Francillon, habe er lange nichts mehr gesehen und gehört, ob sie denn immer noch in der Zweiten Liga spielen würden? – Tun sie. – Ja, das habe er schon befürchtet, denn dort, wo er lebt, an der Ostküste der USA, da würden sie bei einem Fernseh-Kanal einmal in der Woche nur die erste Bundesliga zeigen. Bayern, Dortmund, Schalke und so. Aber Sechzig kam da in den letzten Jahren nicht mehr, und das tut ihm schon leid. Schließlich war er doch selbst mal ein Löwe, er sagt, dass ihm München ein Leben lang am Herzen liegen wird. Ihm, dem Panther aus Haiti.

Dies ist die aberwitzige Geschichte von Henri Francillon.

Die Geschichte begann 1974, 15. Juni, Münchner Olympiastadion. WM-Vorrunde, Italien gegen Haiti. Italien war amtierender Vize-Weltmeister, im Tor stand Dino Zoff, er war seit fast 1100 Minuten ohne Gegentor, das war neuer Weltrekord. Haiti spielte erstmals mit, der Debütant hatte in der Qualifikation Guatemala besiegt und auch die Niederländischen Antillen. Im Tor der Panther, so der Spitzname der Mannschaft, stand Henri Francillon. Francillon hatte keinen Weltrekord, er hatte eine Firma, zuhause in Port-au-Prince. Import-Export. Die Firma bekam er geschenkt von Diktator Duvalier, kurz Baby Doc. Baby Doc beschenkte alle Nationalspieler mit Firmen, als Belohnung für die Qualifikation.

Im Münchner Olympiastadion waren 51.000 Zuschauer. Favoriten gegen Exoten, das sieht man immer gern. Es ging darum, ob Italien zweistellig gewinnt. Zur Halbzeit stand es 0:0. Dank Francillon.

Es war auch nicht so, dass Haiti eine gute Abwehr hatte, nein, im Gegenteil. Die Abwehr war grottenschlecht. Doch kein anderer

> **Henri Francillon** (*1946) bestritt als Nationaltorwart Haitis bei der WM 1974 alle drei Vorrundenspiele im Münchner Olympiastadion. Danach verpflichtete ihn der TSV 1860 München für eine Saison, er kam dort auf fünf Ligaspiele. Er lebt heute in der Nähe Bostons im US-Bundesstaat Massachusetts.

Torwart zeigte in den 33 Jahren Fußball im Olympiastadion so viele Glanzparaden in einer Halbzeit wie Francillon gegen Italien. Rivera und Riva, Capello, Facchetti und Spinosi, er brachte sie alle zur Verzweiflung.

Nach Wiederanpfiff nahm der Wahnsinn seinen Lauf, Emmanuel Sanon umkurvte bei einem Konter Dino Nazionale, Haiti führte 1:0, Zoff war besiegt nach 1143 Minuten. Dass Italien am Ende 3:1 gewann, Francillon so machtlos war wie bei den restlichen Spielen im Olympiastadion, beim 0:7 gegen Polen und beim 1:4 gegen Argentinien, nebensächlich. Die Münchner hatten ihren Publikumsliebling, und das sahen auch die Sechzger so. Kurz vor dem Rückflug der Haiti-Kicker in die Karibik traf Löwen-Trainer Max Merkel auf den Torwart, er verpflichtete ihn, nach einem kurzen Abstecher in die Heimat kam Francillon wieder. Die Familie folgte später, er hatte wenig Gepäck und viel Hoffnung auf eine große Karriere, aber daraus wurde dann nichts.

Merkel hatte sicherheitshalber einen Ersatztorwart eingekauft, Bernd Hartmann. Hartmann kam von nicht ganz so weit wie Francillon. Er kam von Westfalia Herne. Aber dann spielte doch nur Hartmann, er überzeugte im Training und in den Testspielen, anders als Francillon. Der Mann aus Haiti machte insgesamt nur fünf Zweitliga-Spiele, nach eineinhalb Jahren in einer schönen Wohnung in Solln hatte das Missverständnis ein Ende, es ging zurück nach Haiti. Zum Abschied sagte Francillon noch: „Ich werde München nicht vergessen." Dann war das Kapitel München beendet.

Aber die Geschichte von Henri Francillon ging weiter, und wie sie weiter ging. Erst stand er noch ein Jahr bei seinem Heimatverein Victory FC im Tor, in dem Städtchen Jacmel an der Südküste Haitis. Nach dem Karriereende wurde er Senator, er ging ins Parlament, da war er fünf Jahre, es schien ein ruhiges Leben, aber dann begannen die Unruhen im Land. 1985, kurz vor der Absetzung von Baby Doc geriet er in einen Kugelhagel, diesmal machte er es anders als gegen Italien in der ersten Halbzeit, und das war auch gut so. Diesmal ließ Francillon alle Schüsse an sich vorbei.

Es war Zeit, das Land zu verlassen. Er packte seine Sachen, mit seiner Frau Chantal, mit den Kindern Henry jr, der in München geborenen Rachel, Patrick und Alex, flüchteten sie nach Norden, in die USA. Ohne Geld, ohne Hab und ohne Gut bekamen sie Asyl in Florida. „Wir mussten uns eine komplett neue Existenz aufbauen", sagt Francillon, „alles begann bei Null." Francillon jobbte als Lieferfahrer, es ging aufwärts, ganz langsam. Es war Sommer 1992, als sie endlich ein kleines Haus fertig gebaut hatten. Sie dachten, sie hätten es jetzt endlich geschafft, könnten ein ruhiges Leben führen.

*Der Liebling im Olympia-stadion: Haitis Torwart Henri Francillon.*

Im August 1992 verfinsterte sich der Himmel. Es kam Hurricane Andrew, es war der schlimmste Wirbelsturm des 20. Jahrhunderts. Und als Andrew vorbei war, war vom neuen Haus nichts mehr übrig geblieben, es lag in Trümmern, wie auch das Leben der Francillons. Die Familienkarawane zog weiter, wieder nach Norden, sie endeten in der Nähe von Boston, Massachusetts. Francillon sagt, es sei nur ums Überleben gegangen. Er fand wieder eine Arbeit. Als Putzkraft im John B. Hynes Veterans Memorial Convention Center von Boston und schließlich kam er doch wieder zum Fußball. Er trainierte College-Teams und Amateurvereine, South Shore United etwa, das reichte aber nicht zum Lebensunterhalt, schließlich kam er doch in einer Fabrik unter, bei einem großen Rasierklingenhersteller.

Mittlerweile lebt Henri Francillon als Rentner mit seiner Chantal in einem Vorort von Boston, er hat fünf Enkelkinder. Er war lange nicht mehr in Haiti. Als in Haiti 2010 die Erde bebte, sah er im Fernsehen die Bilder, und er sah, dass es noch schlimmer aussah als nach Andrew in Florida. Er telefonierte mit seiner Schwester in Haiti, sie sagte ihm, dass fünf Verwandte bei der Naturkatastrophe gestorben seien, ein Neffe, ein Cousin, dessen drei Kinder. Sechs weitere Angehörige wurden obdachlos, einer Cousine mussten sie die Beine amputieren. Francillon sagt, und man kann es bei seiner Geschichte gut verstehen, er würde jetzt am liebsten einfach nur in Frieden leben, das ist alles, was er möchte.

Und vielleicht, ganz vielleicht, es würde ihn sicher glücklich machen, vielleicht sieht er eines Tages die Löwen wieder im Fernsehen. Seine Löwen.

# Peter Frenkel

## *Schwabinger Goldfeier:*
## *Republikflucht auf die Parkbank*

War schon seltsam, mit denen von drüben. So richtig wussten die Münchner nicht, was sie von den Gästen aus der Ostzone halten sollten. Viele der Einheimischen konnten mit Athleten aus Costa Rica, Ceylon oder Obervolta mehr anfangen als mit denen aus dem anderen Deutschland. Einem ganz anderen Deutschland. Aber einige von denen waren ja auch sonderbar in ihrem Verhalten, eher verkrampft und gar nicht heiter wie das Motto der Spiele. Als Kanzler Willy Brandt sich etwa einmal in der Mensa des Olympischen Dorfs zum Mittagessen setzte, standen die DDR-Sportler am Nebentisch auf und gingen woanders hin. Und als die Delegation bei der Eröffnungsfeier ins Olympiastadion einmarschierte, da schauten manche der 324 Athleten so euphorisch, als zögen sie gerade in Moskau bei einem Staatsbegräbnis dem Sarg eines KP-Generalsekretärs hinterher. Peter Frenkel war bei der Eröffnung noch nicht dabei. Peter Frenkel war da noch in der Unterdruckkammer. Fünf Tage später gewann Peter Frenkel eine von 20 ostdeutschen Goldmedaillen, im 20-Kilometer-Gehen.

Und kaum war er Olympiasieger, hatte er auch schon die Stasi am Hals. Die Operation Olympia war von der DDR systematisch geplant. Erst einmal machte das „Neue Deutschland" im Vorfeld jahrelang miese Stimmung gegen Olympia und meinte mit dem bemühten Zahlenspiel „36 + 36 = 72", dass es keinen großen Unterschied gebe zwischen München und Hitlers Propaganda-Spiele 1936 in Berlin. Dazu wurden 2000 linientreue Bürger als Staatstouristen handverlesen auserwählt, um die eigenen Sportler anzufeuern. Mit auf den Weg bekamen sie neben dem Anfeuerungsruf für die eigenen Athleten („7 – 8 – 9 – 10 – klasse") strenge Richtlinien für Verhaltensregeln. Untergebracht waren die Staatsclaqueure in Oberaudorf und Kiefersfelden, von dort pendelten sie per Bahn zu den Wettkämpfen. Über die Begegnung mit den oberbayerischen Dorfbewohnern schrieb der Spiegel, dass sie sich selbst mit ihren eigenen Spirituosen aus der „VEB Weinbrennerei Meerane" versorgen würden, weshalb ein Oberaudorfer Stammtischler über seinem Obstler nur den Kopf schüttelte und meinte: „Des is, wia wenn's die Mauer mit'bracht hättn." Denn der Kontakt zu den Einheimischen war auf das nötigste zu reduzieren.

Das sah Peter Frenkel anders.

Peter Frenkel hatte mit dem DDR-System schon vier Jahre zuvor Probleme. Der Geher Frenkel fuhr als Favorit zu den Spielen von Mexiko, er führte die Jahresweltbestenliste an. Kurz vor den Spielen verdonnerte die Sportführung die Athleten ins Höhentrainingslager nach Toluca. „Ich weigerte mich", sagt Frenkel, „ich sagte, das würde mich nur schwächen. Dann sagten sie nur: ‚Entweder fliegst du nach Toluca oder nach Hause'". Frenkel flog nach Toluca, bei Olympia wurde er Zehnter. „Das war ein Fiasko", sagt er heute, „aber in dem System musstest du deine persönlichen Interessen immer hinten anstellen. Und doch war Mexiko ein Kick für mich." Es in München besser zu machen.

Die Trainingsbedingungen diesmal waren bestens, die Politspitze setzte alles daran, mit den eigenen Sportlern im imperialistischen Westen zu glänzen. In Zwickau bauten sie eins zu eins den Augsburger Eiskanal der Slalom-Kanuten nach, und in Berlin-Schönefeld stand eine Unterdruckkammer als Ersatz fürs Höhentraining. Diesmal machte das für die Produktion der roten Blutkörperchen Sinn, weil es langfristig angelegt war.

Frenkel trainierte hier bereits mehrere Monate, auch am 30. August noch, nachmittags, sein Wettkampf war am 31. August. Nach dem Training fuhr er zum Bahnhof Friedrichstraße, er bestieg den Schlafwagen in den Westen. Am nächsten Morgen war er in München, er aß mit der Mannschaft zu Mittag, dann ging er zu Wolfgang Kluge auf die Massagebank. Kluge war sein guter Freund und Physiotherapeut, und Frenkel erinnert sich noch, wie Kluge damals sagte: „Alter, wenn du hier eine Medaille holst, dann machen wir in Schwabing einen drauf." Der Ruf Schwa-

Peter Frenkel (*1939) holte 1972 für die DDR Gold über 20-Kilometer-Gehen, vier Jahre später in Montreal gewann er Bronze. Nach seiner Leichtathletik-Karriere begann er als freier Fotograf zu arbeiten. Er lebt heute in Potsdam.

bings als das nächtliche Ausgehviertel Münchens hatte sich herumgesprochen. Sogar bis in die DDR.

Dann ging Frenkel ins Stadion. Vor dem Start, sagt er, machte er sich warm und ging dabei so zehn, fünfzehn Kilometer. Zum Warmmachen. Dann kam der Start, Frenkel wackelte vorne weg, mit dabei Wladimir Golubnichi, der Widersacher aus dem sowjetischen Bruderstaat. „Bei 15 Kilometer habe ich dann alles auf eine Karte gesetzt", sagt Frenkel. Davonlaufen ging nicht, sonst hätten sie ihn disqualifiziert, aber davongehen, das schon. Bald hatte Frenkel 40 Meter Vorsprung und der Russe keine Kraft mehr. Frenkel kam zurück zum Stadion, und ihm ging es nicht wie Marathonläufer Frank Shorter, dem kurz vor dem Einlauf der 16-jährige Lausbub Norbert Südhaus die Show stahl, knapp vor ihm durchs Marathontor rannte und damit den Jubel der 80.000 für sich allein hatte. Nein, Frenkel kam als Erster drinnen an. „Ich erinnere mich an das Bild, in diesem ewig langen Stadiontunnel, alles war schwarz und ohne Konturen, und nur da hinten, da war ein Licht." Das Licht kam immer näher, dann war Frenkel im Stadion, und die Zuschauer feierten ihn. Alle Zuschauer. Dass ein kleines Grüppchen rief „7 – 8 – 9 – 10 – klasse", kaum hörbar.

Denn das gab es natürlich auch in München. Begeisterung für die Leistung der Sportler, was aber auch daran lag, dass Frenkel nicht wie ein verklemmter Sonderling auftrat, sondern sympathisch und charmant, einer der auf die Menschen zuging, 20 Kilometer, mindestens. „Die letzten Meter habe ich richtig genossen", sagt er, „ich war voller Glücksgefühle." Frenkel winkte dem Publikum zu, gleichzeitig kämpfte Heide Rosendahl noch um Weitsprung-Gold, die Atmosphäre war gewaltig. Die Siegerehrung, die hat Frenkel vergessen, nicht aber, was in der Nacht danach kam.

Denn nun mussten sie ja noch einen drauf machen, er und Kluge. So endeten sie eben in Schwabing in einer Kneipe, ostdeutsche Ruderer waren auch dabei, und dann saß zufällig auch noch ein West-Berliner bei Tisch. Horst Buchholz, seinerzeit ein gefragter Schauspieler, man diskutierte über Sport und Politik, es wurde spät und immer später. Frenkel sagt, er habe den ganzen Abend nichts getrunken, aber Kluge dafür umso mehr. Mühsam trug der Olympiasieger seinen Masseur aus der Wirtschaft, sie schleppten

*„Die letzten Meter habe ich richtig genossen, ich war voller Glücksgefühle":*
*Peter Frenkel bei seinem Einlauf ins Olympiastadion.*

sich zur „Münchener Freiheit", aber die letzte U-Bahn, die U3 zum Olympiazentrum, die war schon weg. Also gingen sie wieder hoch.

Und legten sich zum Dösen auf eine Parkbank. Die Nacht war kurz, der Morgen nah, die U-Bahnen fuhren wieder, bald waren sie zurück im Dorf. Und die Aufregung im Quartier der DDR war da bereits gewaltig.

Als Frenkel in der Nacht nämlich wegblieb, wähnten ihn die Offiziellen bereits als Republikflüchtling, hatte die Stasi seine Sachen im Zimmer durchwühlt auf der Suche nach Hinweisen, wo er verblieben sei. Von Sportchef Manfred Ewald gab es einen mächtigen Anpfiff, und von Ewald gab es noch etwas. Vor den 50 Kilometern im Gehen, wo Frenkels Teamkollege Christoph Höhne startete. Da gab es einen Zettel, den Ewald nach eigenen Worten anonym zugespielt bekam, den er den beiden einmal beim Essen über den Tisch schob und auf dem stand: „An Ihrer Stelle würde ich Höhne nicht starten lassen." Höhne war Olympiasieger 1968, und Frenkel sagt, er wisse bis heute nicht, wie es dazu gekommen sei. „Entweder hat man versucht, ihn als Konkurrenten von Kannenberg unsicher zu machen." Und die zweite Variante? „Oder Ewald wollte Höhne nur anstacheln und noch stärker machen." Dann wäre das jedenfalls gründlich misslungen. Höhne kam auf Platz 14 ins Ziel, fast 25 Minuten hinter Olympiasieger Kannenberg.

Frenkel holte 1976 noch einmal Bronze in Montreal, da war er schon 37, dann beendete er die Karriere. Noch heute spricht er differenziert und sachlich von den zwei Seiten des DDR-Systems, zwischen Zwängen und Nutzen, zwischen Systemunterordnung und professioneller Trainingsarbeit.

Nach der Karriere studierte er in Leipzig an der Hochschule für Grafik und Buchkunst, widmete sich der Fotografie und präsentierte seine Motive aus Sport- und Landschaftsfotografie in zahlreichen Ausstellungen. Frenkel sagt, gerade in der Natur mache es ihn beseelt, wenn die Landschaft für einen kurzen Moment in einer bestimmten, einzigartigen Stimmung erscheint, und er in diesem Moment den Auslöser drückt. Es ist beim Fotografieren so wie damals im Tunnel zum Stadion.

Es ist das Licht, das ihn glücklich macht.

# Waldemar Hartmann

## *In die Brauerei und auf die Couch –*
## *das Abenteuer mit Ali*

Die Boxhandschuhe von Muhammad Ali und die Hose, die berühmte Everlast-Hose, die hat Waldemar Hartmann gut aufgehoben, bei sich zuhause. Ali hatte sie ihm signiert, ihm persönlich gewidmet, in der Kabine in der Olympiahalle. Kurz nachdem Ali seinen wehrlosen Widersacher in den Ringstaub gedroschen hatte. Richard Dunn, 1976, als Ali das einzige Mal in München kämpfte. Als Waldemar Hartmann sein Betreuer war.

Waldemar Hartmann hat viele Erinnerungen an den Olympiapark, er moderierte und kommentierte oft bei Fußball-Spielen aus dem Olympiastadion, und er war viele Jahre Hallensprecher bei den Sixdays in der Olympiahalle. Auch das war eine sehr muntere Zeit. „Diese sechs Tage waren härter als zwei Wochen Oktoberfest", sagt Hartmann. Das Rahmenprogramm, die langen Nächte, es verlangte gute Kondition. Die Sixdays waren noch eine Attraktion, man kam zum Sehen und zum Gesehen werden. Damals moderierte Hartmann die Montagabend-Sendung „Blickpunkt Sport" im Bayerischen Fernsehen, und er erzählt, dass er sonst immer sehr oft am Montagmittag verzweifelt bei Markus Hörwick, dem Pressechef des FC Bayern, anrief, ob denn jetzt ein Spieler von ihnen am Abend in die Sendung käme, und wenn ja, wer. „Aber wenn Sixdays waren, hatten wir da gar kein Problem", sagt Hartmann. „Da waren die Bayern nämlich immer von alleine in der Halle. Sechstagerennen waren ein Promi-Auftrieb ohnegleichen, die ganzen Schicki-Micki-Bussi-Leute waren da, man hatte das Gefühl, das einzige, was stört, sind die Radler, die im Kreis fahren." Amüsante Jahre waren das, aber eben nichts gegen das Erlebnis mit Muhammad Ali.

1976 schrieb Hartmann für den Sportteil der „Augsburger Allgemeine", daneben führte er eine Kneipe in der Augsburger Innenstadt. Zu seinen Stammkunden zählten zwei Anwälte und ein

Gerichtsvollzieher. „Die hatten sich aus einer Laune heraus in den Kopf gesetzt, Ali für einen Kampf nach München zu holen", sagt Hartmann, „und mich fragten sie, ob ich nicht die PR-Arbeit machen möchte. Und ich wollte." Der Kampf kam zustande, als Gegner nahm man einen gewissen Richard Dunn, einen rothaarigen Engländer, nicht wirklich bekannt damals, aber man brauchte nun einmal ein williges Opfer.

Der Champ kam nach München, eine Woche vor dem Kampf. Mit seinem Clan wohnte er im Bayerischen Hof, 40 Zimmer, eine ganze Etage. Ali trainierte jeden Tag um 14 Uhr im Circus Krone, öffentlich, vor Publikum. Hartmann war der einzige Weiße in Alis Tross, sie sagten immer „The Woooooldi" zu ihm. Der Krone, 1500 Leute für einen Zehner Eintritt, er war jeden Tag ausverkauft. Sie sahen Ali mit seinen Sparringspartnern kämpfen, Jimmy Ellis, Duane Bobick. Sie sahen Ali einen Tag nur Seil hüpfen, aber selbst das machte sie glücklich. Erstaunlich jedoch war, dass es für den Kampf in der Olympiahalle noch wenige Tage davor Karten gab. „Eines Tages nahm mich Ali beiseite und meinte, ich müsse den Kampf noch etwas anheizen", sagt Hartmann. „Er meinte: ,Sag einfach, Dunn ist der kommende Weltmeister'". Richard Dunn trainierte nämlich auch im Krone. Jeden Tag um 16 Uhr. Als ihn Hartmann das nächste Mal ankündigte, sagte er: „Und hier ist Richard Dunn, das ist der kommende Weltmeister." Hartmann wusste, dass Dunn das nie werden würde. Dunns Sparringspartner war ein Nigerianer, einmal berührte er beim Training versehentlich das Kinn des Engländers, dann lag Dunn am Boden.

Als Ali das sah, sagte er zu Hartmann: „Forget it."

Hartmann war auch zuständig für die Vermarktung, für die Beschaffung von Sponsoren. Und da war Hartmann recht findig. Als eine Signierstunde in einer Augsburger Sporthalle anstand, versprach er dem Chef seiner Kneipen-Brauerei, er würde Ali zu ihm in die Firma bringen. Hartmann hatte gute Drähte zur Augsburger Polizei, als die Beamten den Tross ab der Autobahnausfahrt geleiteten, verwechsel-

Waldemar Hartmann (*1948) ist einer der bekanntesten deutschen Sportmoderatoren. Jahrelang war er beim Münchner Sechs-Tage-Rennen Hallensprecher, dazu war er im PR-Berater von Muhammad Ali bei dessen Boxkampf gegen Richard Dunn 1976 in der Olympiahalle.

*Und so kam Muhammad Ali auch einmal zu einem Brauereibesuch:*
*Der größte Boxer aller Zeiten mit seinem Betreuer Waldemar Hartmann.*

te die Motorrad-Eskorte, hoppala, rein zufällig die Sporthalle mit
dem Braugelände. Zehn Minuten war Ali dort, bis einer von Alis
Helfern erschrocken ausrief: „Hey, Champ, that's a brewery." Und
ein Moslem wie Ali in einer Brauerei, das geht ja gar nicht.

Hartmann angelte auch ein großes Friedberger Möbelhaus als
vermeintlichen Sponsoren. Die Idee hatte er, weil in Alis Umkleide-
kabine nur eine schäbige Couch stand. Also besorgte er ein neues
Sofa, und der Deal war, dass Hartmann Ali auf der Couch fotografiert, das Bild dem Möbelhaus überlässt und dafür gäbe es dann
10.000 Mark. Gab es aber nicht, denn als Hartmann die Bilder
zum Entwickeln brachte und sie später sah, waren sie zu dunkel.
Völlig unterbelichtet. So gab es kein Geld.

Als PR-Maßnahme für den Kampf trat Ali zwei Tage davor, am
Samstag, sogar noch bei Rudi Carrell auf, ein alberner Auftritt, aber
Ali war sich für nichts zu schade, immerhin war dann die Halle doch
noch voll.

Peinlich war auch der Kampf selbst. Der US-Sender NBC hatte Werbung für fünf Runden verkauft, bis zur fünften Runde also musste Dunn sich schadlos halten, dann würde er seine Gage auch bekommen. Darum tat Ali Dunn vier Runden auch nicht weh, in der fünften Runde schlug er zu. Hartmann sagt: „Er hat ihm richtig eine eingeschenkt." Ali war nicht mehr der Ali von früher, aber für Dunn langte es allemal.

Für Hartmann hatte sich die kurze Zeit als Vermarkter gelohnt, außer der Pleite mit dem Friedberger Möbelhaus. Eine Brauerei, ein Jeans-Laden in Augsburg, sogar ein Sportartikel-Konzern aus Herzogenaurach, sie alle hatten den Kampf gesponsert und beschafften Hartmann somit eine stolze Provision.

Ali zog weiter, aber es nahte sein Ende, es kamen keine guten Kämpfe mehr. Ali wurde krank, gezeichnet von Parkinson. 1996 trafen sie sich wieder. Hartmann war als TV-Reporter in Atlanta, er sah, wie Ali als letzter Fackelträger zitternd das Olympische Feuer entzündete, und Hartmann sagt, in diesem Moment seien ihm die Tränen runtergelaufen. „Es war schlimm für mich, meinen Helden so gebrochen zu sehen." Später, im Hotel, da liefen sich die beiden zufällig über den Weg. Hartmann blieb kurz stehen, sie schauten sich an, aber ob Ali ihn erkannt hat, Hartmann bezweifelt es, wohl eher nicht.

Ob sich Ali erinnern konnte, wie das damals war. Mit ihm und Hartmann. The Greatest and The Wooooldi.

# Ottmar Hitzfeld

*Herzklopfen am Mittleren Ring:*
*Und immer wieder die Sechzger*

Manchmal, sagt Ottmar Hitzfeld, kommt er hier noch des Wegs. Wenn er etwa einen Termin in München hat und über den Mittleren Ring fährt, vorbei am Olympiapark. „Wenn ich dann das Stadion sehe und das Zeltdach", sagt Hitzfeld, „dann bekomme ich Herzklopfen." Es bewegt ihn, es berührt ihn, weil ihn dieser Ort geprägt hat wie sonst kaum einer in seiner langen Karriere als Spieler und Trainer. „Zum Olympiastadion", sagt er, „habe ich einfach eine sehr starke emotionale Bindung. Über all die Jahrzehnte wurde das zu einem liebgewonnenen Wegbegleiter, das Stadion wurde für mich zu einer Herzensangelegenheit." Dort, wo 1972 alles für ihn so richtig begann.

Lörrach in Baden, auf der Deutschland-Karte unten links, südwestlicher geht die Republik nicht. Hier wuchs Hitzfeld auf, hier begann er das Kicken, 1971 wechselte er über den Rhein zum FC Basel. Hitzfeld schoss 20 Tore in der Saison 71/72, und weil er weiter Amateur war, machte ihm das Hoffnung auf die Berufung für die Olympia-Auswahl 1972. Ende Juni, zwei Monate vor den Spielen, bekam er Post. Vom Oberen Geisberg, Bischmisheim, Saarland. Die Privatadresse von DFB-Vizepräsident Hermann Neuberger. „Liebe Kameraden der Olympia-Mannschaft", stand da, es folgten die Namen der 19 Spieler, die Trainer Jupp Derwall nominiert hatte. Um seinen eigenen Namen zu finden, musste Ottmar Hitzfeld umblättern, er kam erst auf Seite 2, weniger erfreulich, da standen nur die Namen der sieben Spieler „auf Abruf".

Die Aussichten für Hitzfeld waren schlecht, aber so richtig schlecht war die Leistung der Olympia-Kameraden bei den Testspielen. 1:5 gegen Schweden, 1:2 gegen Finnland, Derwall reagierte, warf Stürmer Edgar Schneider vom FC Bayern aus dem Kader und rief Ottmar Hitzfeld ins Trainingslager in Malente. Hitzfeld kam, traf und siegte. Gleich bei seinem ersten Einsatz überzeugte er und schoss drei Tore, beim 5:1 in einem Spiel gegen den TSV 1860. Hitzfeld war bei Olympia, den Münchner Löwen sei Dank.

„Für mich", sagt Hitzfeld, „ging damals ein Traum in Erfüllung. Nie werde ich vergessen, wie wir bei der Eröffnungsfeier ins Stadion einmarschiert sind, phänomenal, Gänsehaut. Die Atmosphäre ringsherum, einmalig." Die Stimmung im Olympischen Dorf, wo er in der Mensa beim Mittagessen die Leichtathletik-Helden Ulrike Meyfarth und Klaus Wolfermann kennenlernte und auch Mark Spitz. Den amerikanischen Überschwimmer, der seine Konkurrenten in jedem Rennen nass machte und sieben Goldmedaillen holte. „Es war wunderbar, dieses bunte Treiben", sagt Hitzfeld, „das Flair der Cafés, der Passagen, der Plätze, das Olympische Dorf war anfangs ein Idyll."

Überwältigend auch die Stimmung im Olympiastadion, schon zum ersten Gruppenspiel am 27. August kamen gegen Malaysia 60.000 Zuschauer. Gegen Malaysia. Hitzfeld spielte beim 3:0 die letzten 20 Minuten, von einem „unglaublichen Erlebnis" spricht er, „das hatte ich noch nie erlebt, so eine Kulisse in so einem Stadion." Nun war die Kulisse nicht immer so gewaltig, die meisten Spiele des olympischen Fußballturniers fanden außerhalb Münchens und des Olympiastadions statt, der Wettkämpfe der Leichtathleten wegen. Nicht alle Spielstätten waren brodelnde Hexenkessel, bei denen der Enthusiasmus überschwappte, die Begeisterung der paar hundert Zuschauer im Passauer Dreiflüssestadion beim Vorrundenspiel zwischen Burma und dem Sudan war eher überschaubar.

Bei den deutschen Spielen waren die Stadien überall voll, ab dem zweiten Spiel war Hitzfeld auch immer von Anfang an dabei, noch besser: Er traf auch in jedem Spiel. In Passau beim 3:0 gegen Marokko, in München beim 7:0 gegen die USA, im ersten Zwischenrunden-Spiel im Nürnberger Frankenstadion beim 1:1 gegen Mexiko.

Am 5. September sollten sie dann in München gegen Ungarn spielen, aber an dem Tag spielten sie nicht, sie saßen im Olympischen Dorf, entsetzt, fassungslos. „Vom Attentat hatten wir morgens beim Frühstück erfahren", sagt Hitzfeld, „Bedrückung machte sich breit. Diese wunderbare Stimmung war mit einem Mal weg, wir haben das im Zimmer am Fernseher verfolgt." Mit im Doppelzimmer war Jürgen Kalb von Eintracht Frankfurt, später saßen die Spieler alle zusammen.

In der Mannschaft gab es Diskussionen über einen Abbruch der Spiele, aber letztlich, so Hitzfeld, hätten es alle richtig gefunden, dass es weiterging. „Sich danach wieder auf Fußball zu konzentrieren", sagt Hitzfeld, „das war aber schwer." Extrem schwer, denn die erste sportliche Veranstaltung unmittelbar nach der Trauerfeier im Olympiastadion war das Spiel gegen Ungarn, und es wurde das sonderbarste Spiel, das Ottmar Hitzfeld je erlebte, das bedrückendste.

*Eine Pose mit Routine: Ottmar Hitzfeld beim Stemmen der Meisterschale.*

70.000 Menschen waren im Stadion, viele von ihnen hatten bei der Gedenkstunde noch mitgetrauert und geweint, und nun sollten sie sich plötzlich für ein Fußballspiel da unten auf dem Rasen begeistern? Das ging nicht zusammen. Wie sehr das Attentat den heiteren Spielen ein jähes Ende bereitet hatte und wie gedämpft die Stimmung danach war, war nirgendwo deutlicher zu spüren als bei diesem Fußballspiel. Wie leise 70.000 doch sein konnten, es war gespenstisch. Derwalls Truppe verlor dieses seltsame Spiel 1:4, der Traum vom Olympiasieg war geplatzt. Den deutschen Treffer erzielte Hitzfeld.

Zwei Tage später, im Prestigeduell gegen die DDR, köpfte er das 2:2, am Ende gab es ein Pfeifkonzert, nach dem 2:3, das Turnier war vorbei. Und dann rief Schwan an, Robert Schwan, der Manager des FC Bayern. Er wollte Hitzfeld. „Er fragte mich, ob ich mir vorstellen könnte, nach München zu wechseln", sagt Hitzfeld. Von Basel nach München, ein Angebot, dem wohl die wenigsten widerstanden hätten. Hitzfeld aber erbat sich Bedenkzeit, er wägte ab, dann sagte er ab. „Ich wusste, wenn ich nach München gehe, dann wäre ich nur zweite Wahl hinter Gerd Müller gewesen. Und auf der Bank verhungern wollte ich nicht." Eine Kopf-Entscheidung. Hitzfeld eben.

So spielte Hitzfeld erst in der Schweiz weiter. In Basel, bis 1975, dann kam er nach Deutschland für drei Jahre beim VfB Stuttgart. Drei Jahre, in denen er gerade ein einziges Mal wieder im Olympiastadion war, April 1977 beim Zweitligaspitzenspiel gegen 1860, und wieder war die Hütte voll. Die Begeisterung der 77.573 Zuschauer hatte sich beim Abpfiff gelegt, weil sie nur ein müdes 0:0 gesehen hatten, aber für Hitzfeld und den VfB war es ein enorm wichtiger Punkt auf dem Weg zum direkten Aufstieg in die Bundesliga, die Löwen kamen immerhin über den Umweg der Relegation nach oben. Ein Jahr spielte Hitzfeld noch erstklassig, bei den Gastspielen gegen Bayern und Sechzig fehlte er aber. Dann ging er wieder in die Schweiz, und ab da dauerte es sehr lang, bis Ottmar Hitzfeld wieder ins Olympiastadion zurückkehren sollte. Mehr als 14 Jahre.

Mit 34 hatte er als Spieler aufgehört, er wurde Trainer, ein Jahr in Zug, vier Jahre in Aarau, drei in Zürich. 1991 holte ihn Borussia Dortmund, und dann im Oktober 1991 war er wieder in München. „Die ganze Erinnerung an 1972 kam zurück", sagt Hitzfeld, „und die Rückkehr hat es sehr versüßt, dass wir dann auch noch gewonnen haben gegen die Bayern."

Gegen die Bayern damals zu gewinnen, war nicht schwer, die Bayern waren Fallobst, wer in dieser Zeit nicht gegen die Bayern gewann, machte sich zur Lachnummer. Die Woche davor hatten die Stuttgarter Kickers im Olympiastadion mühelos 4:1 triumphiert und das Ende von Jupp Heynckes als Bayern-Trainer besiegelt. Es kam Sören Lerby, unter dem lief es genauso schlecht, viel schlimmer, die Bayern interessierten kaum noch, als Hitzfelds Borussen 3:0 gewannen, da waren gerade noch 27.000 Zuschauer im Stadion.

Mit Dortmund ging es weiter nach oben, Zweiter, Vierter, Vierter, 1995 der erste Meistertitel unter Hitzfeld, 1996 der zweite. Den holten sie sich, wo sonst, im Olympiastadion, am vorletzten Spieltag, als sich der TSV 1860 zum dritten Mal in Hitzfelds Laufbahn zu einem dankbaren Lieblingsgegner mauserte. Durch das 2:2 gewann Dortmund vorzeitig die Meisterschaft, selten herrschte hier im Olympiastadion

**Ottmar Hitzfeld** (*1949) nahm als Fußballspieler der DFB-Auswahl an den Sommerspielen 1972 teil. Von 1991 bis 1997 trainierte er Borussia Dortmund, von 1998 bis 2004 und von 2007 bis 2008 den FC Bayern. 2008 wurde er Nationaltrainer der Schweiz.

nach einem Spiel so eine einträchtige Stimmung wie an jenem 11. Mai, die BVB-Fans feierten den Titel ihrer eigenen Mannschaft, die Anhänger der Löwen die Vizemeisterschaft des FC Bayern.

Dann, ein gutes Jahr später, 28. Mai 1997, Hitzfelds nächster große Augenblick, das 3:1 gegen Juventus Turin, der Champions League-Triumph, davor hatte Hitzfeld aber noch für Unruhe gesorgt, als er in einem Interview sagte: „Ich schließe nicht aus, dass ich mal Trainer des FC Bayern werde." So kam es dann auch, nach einem Jahr als Sportdirektor in Dortmund wechselte Hitzfeld an die Isar.

„Und plötzlich", sagt Hitzfeld, „war das Olympiastadion mein Heimstadion. Der Kreis hatte sich für mich geschlossen." Für den Gast, der ab und zu einmal auf Besuch vorbeischaute, war es auf einmal das Wohnzimmer.

Unter Hitzfeld begann die erfolgreichste Zeit des FC Bayern nach den glorreichen Siebzigern. Vier Meistertitel, zwei Pokalsiege, ein Triumph in der Champions League, der Weltpokal. Hitzfeld erlebte noch große Momente hier und einmal den Wahnsinn, 2000 am letzten Spieltag. Zwölf Kilometer südlich hätte Leverkusen schon ein Unentschieden zum ersten Meistertitel genügt, doch dann erlebte Leverkusen beim 0:2 sein Unterhaching, und weil die Bayern 3:1 gegen Bremen gewannen, waren sie doch wieder Erster.

2004 spielten sie im Mai wieder daheim gegen Bremen, es war der 32. Spieltag, es endete nicht gar so erfreulich wie vier Jahre zuvor, ganz im Gegenteil. Bayern verlor 1:3 und vorzeitig die Meisterschaft an den Rivalen aus Bremen. Die Grünen in der Nordkurve feierten, die Roten gegenüber im Süden weinten, und als durch das Stadion die traurige Piano-Ballade „Mad World" hallte, da weinten die Roten noch viel mehr.

Die verrückte Welt eines Trainers erlebte Hitzfeld, als er nach all den Jahren des Erfolgs gefeuert wurde, nach einer Saison ohne Titel. Im Februar 2007 kam er nochmal zurück zu den Bayern, aber da spielten die ja schon längst draußen in Fröttmaning. Als er aus der Ferne mitbekommen hatte, wie die Bayern 2005 auszogen und das Olympiastadion verließen, das habe ihm weh getan, sagt Hitzfeld. „Das hat mich sehr berührt", sagt er, „das Stadion war ein Stück meines Fußballerherzes." Ein Fußballerherz, das manchmal noch schneller klopft. Am Mittleren Ring.

# Uli Hoeneß

## *Von Toren auf dem Teppich –*
## *und einem Sessellift zur U-Bahn*

Die Abrechnung folgte am Tag nach der Schlussfeier. Der Rundum-schlag von Uli Hoeneß. In einer Exklusiv-Kolumne für eine Münch-ner Tageszeitung, da wetterte Hoeneß gegen die Funktionäre, gegen den Trainer, gegen überhaupt alles. Es war kein gutes olym-pisches Turnier, das die bundesdeutsche Mannschaft 1972 gespielt hatte, am Ende, bei der Niederlage gegen die DDR, hatte es sogar Pfiffe gegeben vom eigenen Publikum. Pfiffe im eigenen neuen Olympiastadion, das Hoeneß noch Monate vorher mit einweihen durfte. Das tat weh. Und darum war es Zeit für Klartext, für die Abteilung Attacke. In der Kolumne ging es dann auch um einen sei-ner Mitspieler. Um sein getrübtes Verhältnis zu Ottmar Hitzfeld. Der, mit dem Hoeneß später noch viele Erfolge feiern sollte. Gera-de hier im Olympiastadion, jenem Stadion, das Hoeneß begleitet hat wie kein anderer, und dessen Schicksal als Fußball-Spielstätte er letztendlich auch besiegelte.

Anfangs war Hoeneß ja noch Spieler, 1970 kam er zu den Bay-ern, der Metzgerssohn aus Ulm. Das war erst schwer, es gab eine klare Hierarchie, Beckenbauer, Maier, Müller, gestandene Natio-nalspieler. Aber Hoeneß ordnete sich bald ein, nicht unter. Ein schneller Außenstürmer, dazu war er gestanden, selbstbewusst, mündig. Mit Gerd Müller bildete er bald das gefährlichste Sturm-Duo der Liga, im März 1972 kam das Debüt in der A-National-mannschaft, und als das DFB-Team den Rasen des Olympiastadi-ons einweihte, beim 4:1 gegen die UdSSR am 26. Mai, da war Hoeneß auch dabei, und er war begeistert. „Ich war total happy, auf so einem Rasen spielen zu dürfen", sagt er heute, „das Olym-piastadion war ein Teppich." Der Platz an der alten Spielstätte Grünwalder Straße dagegen eher ein Kraut- und Rübenacker.

Mitte Juni 1972 wurde Hoeneß Europameister. In einer Final-runde in Brüssel, so war der Modus damals noch. Halbfinale, End-

*16 Deutsche Meisterschaften gewann der FC Bayern in den 33 Jahren, in denen sie im Olympiastadion spielten: Uli Hoeneß bei einer Meisterfeier am Rathausbalkon.*

spiel, Titel, vier Tage, das war's. Danach ging die Bundesliga weiter, und dann spielten auch die Bayern im Olympiastadion. Das Debüt im letzten Heimspiel der Saison, es ging gegen Schalke, es ging um die Meisterschaft. Bayern gewann 5:1, das 4:1 zehn Minuten vor Schluss schoss Hoeneß, und es war ein besonderes Tor. „Es war ein Jubiläumstor", sagt er, „das Hundertste des FC Bayern in jener Saison." Das 101. und letzte schoss Beckenbauer.

Nie mehr sonst schoss ein Verein in der Bundesliga 100 Tore und mehr.

Dann kam Olympia und Hoeneß durfte mitspielen. Trotz A-Mannschaft, trotz EM-Titel. Er hatte noch keinen Profivertrag als Lizenzspieler. Er hatte Amateurstatus, so um die 3000 Mark, sagt er, habe er damals im Monat verdient. Das Turnier begann ganz gut, die Vorrunde, überzeugende Siege gegen Malaysia, Marokko, die USA, in der Zwischenrunde gab es im ersten Spiel ein 1:1 gegen Mexiko, dann kam der 5. September. Hoeneß saß im Olympischen Dorf, er schaute den ganzen Tag fern, er sagt heute: „Es war eine gruslige Atmosphäre. Bis dahin waren die Spiele ein wunderbares Erlebnis, aber ab diesem Tag mit dem Überfall auf die Israelis war die Leichtigkeit dahin." Das war, spürbar am 6. September, beim 1:4 gegen die Ungarn, und auch gegen die DDR, beim 2:3, dem Turnier-Aus.

Die DDR hatte wie sämtliche andere Ostblock-Nationen ihre komplette A-Mannschaft nach München geschickt. Das durften sie, weil das im Sozialismus alles sogenannte Staatsamateure waren, Profis gab es offiziell nicht. So wurde dann die Runde der letzten Vier auch eher eine hausinterne Meisterschaft des Warschauer Pakts. Polen holte Gold gegen Ungarn, die Sowjets und die Ostdeutschen taten sich nicht weh, trennten sich 2:2 nach Verlängerung, und weil es damals noch kein Elferschießen gab, bekamen beide Bronze. „Eine Riesen-Ungerechtigkeit war das", sagt Hoeneß heute, „dass die Osteuropäer alle mit ihrer besten Mannschaft kommen durften. Da war einfach nix zu machen für uns."

Verärgert war er wie erwähnt auch schon unmittelbar nach den Spielen. In eingangs erwähnter Kolumne ging es gegen die DFB-Führung, gegen Trainer Jupp Derwall, und was ihn am allermeisten erbost hatte, war der kurzfristige Rausschmiss seines Freundes und Mannschaftskollegen beim FC Bayern, Edgar Schneider, aus der Olympia-Mannschaft, dessen Platz dann Hitzfeld einnahm. Hoeneß schrieb: „Die Art und Weise, wie Edgar Schneider ausgebootet wurde. Jeder von uns empfand es als ungerecht (…). Außerdem hat es, zumindest im Unterbewusstsein, das Verhältnis zu Ottmar Hitzfeld etwas getrübt. Obwohl er nichts dafür kann und auch nachher unser erfolgreichster Stürmer wurde." Es war nicht abzusehen, dass zwischen ihm und Hitzfeld einmal eine ganz enge Freundschaft entstehen sollte, später, sehr viel später.

Bald, ganz bald nach den Spielen kamen die Bayern wieder zurück. Das war lange fraglich, am olympischen Schlusstag gruben die Springreiter mit ihren Pferden hier das Geläuf noch um, der Rasen schaute schlimmer aus als im Sechzger Stadion. In nur zwei Wochen machten Gärtner und Rasenpfleger aus der Kraterlandschaft wieder einen grünen Teppich, am 27. September gab es dann das erste Spiel, Europacup gegen Galatasaray Istanbul, die erste Runde, Bayern gewann 6:0, alles schien gut.

Schien es. Denn Präsident Wilhelm Neudecker war nicht glücklich über den neuen Spielort, ja, er schimpfte richtig. Das Zeltdach sei architektonisch zwar gelungen, sagte er, aber nichts für ein Fußball-Publikum. „Wenn's stürmt", sagte er noch vor dem Istanbul-Spiel, „dann höre ich die Zuschauer jetzt schon stöhnen: Da zieht's ja grausam." Darüber hinaus hätte der Bayern-Boss auch noch allen Ernstes den Olympia-See gerne zubetoniert gesehen. „Nichts gegen den herrlichen See", sagte er, „aber ursprünglich waren dort Parkplätze für 8000 Autos vorgesehen. Jetzt muss man wohl einen Sessellift bauen oder das Zeltdach bis zur U-Bahn ziehen."

In den folgenden Jahren ebneten sie gerade hier den Weg zu großen Triumphen, mit Hoeneß als Spieler, der 1974 an diesem Ort auch noch Weltmeister wurde, mit Hoeneß als Manager ab 1979. Den Weg zu vier Siegen im Landesmeisterpokal und der Champions League, 1974, 1975, 1976, 2001. Zu einem im Uefa-Cup 1996 und zu 16 Deutschen Meisterschaften bis 2005. Bis zum Auszug. Ein Auszug, den vor allem

**Uli Hoeneß** (*1952) kam 1970 zum FC Bayern, als Fußballspieler der DFB-Auswahl nahm an den Sommerspielen 1972 teil. Nach dem Ende seiner aktiven Karriere war er von 1979 bis 2009 Manager des FC Bayern. 2009 wurde er zum Präsidenten des Vereins gewählt.

Hoeneß antrieb. Schon 1989 wollte er erstmals einen Neubau, ab 1995 war dann richtig Feuer unterm Zeltdach.

Ab da forderte der Bayern-Manager erstmals vehement ein eigenes neues Stadion. „In drei, vier Jahren kann das Ding stehen", sagte er, „ob an der Reitanlage in Riem oder hier am Tollwood-Gelände." Auch wenn es zehn Jahre dauern und in Fröttmaning stehen sollte, nach langem Hin und Her um Umbau oder Neubau, nach dem Scheitern des Konsensmodells.

Bis dahin, in den letzten zehn Jahren der Bayern im Olympiastadion, erlebte Hoeneß noch viele schöne Augenblicke. Besonders im Jahr 2000, als die Bayern doch noch Meister wurden. Im Fernsehen gab es diese Bilder, wie Uli Hoeneß sich auf der Bank freute wie ein Schulbub an Weihnachten, als die Zwischenstände aus Unterhaching vermeldet wurden, wo Leverkusen verlor. Hoeneß klopfte sich auf die Schenkel, er trommelte gegen die Rückwand der Bank, er umarmte den Mann neben ihm. Trainer Ottmar Hitzfeld. Das Verhältnis war schon lange nicht mehr getrübt.

2005, nach 33 Jahren, kam das endgültige Ende der Bayern-Ära im Olympiastadion, das letzte Spiel, das 6:3 gegen Nürnberg, das 750. Spiel der Bayern bei 551 Siegen, 70 Niederlagen und 129 Unentschieden. Draußen im Norden stand das neue Stadion schon, aber Hoeneß wirkte doch bewegt beim Abschied, und auch heute sagt er: „Es war ein Teil der Geschichte des FC Bayern, wir dürfen glücklich sein, dass wir hier spielen durften. Zu seiner Zeit war es genau das Richtige für uns, und ja, es war auch für mich eine Traumzeit. Ich habe dieses Stadion damals richtig genossen." Manchmal komme er noch hierher, und dann sei er begeistert, wie lebendig der Park immer noch ist. „Wenn man das mit anderen Olympiastädten vergleicht, da siehst du von den Spielen nichts mehr. München ist da zum Glück anders, ich bin froh, dass der Park noch einen so hohen Freizeitwert hat."

Schon ganz gut so, dass aus dem See kein Parkplatz wurde.

# Tim Lobinger

### *Anbandeln im Raumschiff Enterprise:*
### *Absprung in den siebten Himmel*

Musste ja so kommen. Bei diesem Datum. Es war der 3. September 1972, als in München drei bundesdeutsche Sportler Gold holten. Der Wolfermann mit dem Speer, die Falck über 800 Meter, der Kannenberg im Gehen. Die Zeitungen und Geschichtsbücher schrieben danach vom „Goldenen Sonntag". Auch in Rheinbach bei Bonn, 440 Kilometer nordwestlich vom Oberwiesenfeld, war es ein glücklicher Tag, für die Eheleute Hans-Joachim und Martina Lobinger. Denn an jenem Tag kam ihr Sohn zur Welt, der kleine Tim. „In gewisser Weise", sagt Tim Lobinger, „hat meine Beziehung zum Olympiapark da schon angefangen." Eine Beziehung, die ihn in und nach seiner großen Zeit als bester deutscher Stabhochspringer nicht mehr losließ. Und eine Beziehung, die schuld war an seiner großen Liebe.

Schon als Kind hatte Lobinger davon geträumt. Von großen Auftritten im Münchner Olympiastadion, von 70.000 Menschen frenetisch gefeiert zu werden. Allerdings nicht als Leichtathlet, sondern als Fußballer beim FC Bayern. „Ich wollte damals unbedingt Torwart werden", sagt Lobinger, und er erzählt, dass er zuhause ein T-Shirt hatte von Jean Marie Pfaff, dem damaligen Keeper der Bayern. „Ich weiß noch, wie ich morgens im Garten in der Pudelmütze herumkickte, und ein richtiges Trikot der Bayern hatte ich auch." Ein rotes von damals, vor der Zeit von Pfaff. Vorne drauf stand noch „Magirus Deutz."

Aber natürlich wurde Tim Lobinger Leichtathlet. Was Wunder, bei der Familie. Der Vater war ein sehr guter Hürdenläufer, die Mutter eine starke Werferin, und Tims ältere Schwester Babett überzeugte als Sprinterin, sie schaffte es bis in die nationale Junioren-Auswahl. Tim nahm den Stab in die Hand, mit 14 sprang er 3,46 Meter, das war schon über einen Meter höher als die Latte eines Fußballtors. Lobinger schwang sich auf in ungeahnte Höhen.

1992 kam er nach München, eine traurige erste Begegnung mit dem Olympiastadion. Ein U23-Weltcup, kurz danach standen die Olympischen Spiele an. Lobinger wollte unbedingt mit nach Barcelona, und er sprang wie er noch nie zuvor sprang, 5,50 Meter, Verbesserung der persönlichen Bestleistung um 15 Zentimeter. Aber kaum hatte er diese Höhe überquert, ließen ihn die Funktionäre wieder hart auf den Boden herunterfallen. „Sie sagten mir: ‚Was willst du mit 5,50 Meter, wir Deutschen hatten noch nie einen guten Stabhochspringer und werden auch nie einen haben‘.“ Lobinger musste daheim bleiben, und er sah am Fernseher, wie 5,50 Meter für das Finale gereicht hätten und für den achten Platz. Angestachelt habe ihn das, sagt er, noch ehrgeiziger gemacht. Ja, Lobinger fuhr zu den nächsten beiden Spielen, da dann als aussichtsreicher Mitfavorit, aber statt mit einer Medaille fuhr er immer mit einer großen Enttäuschung heim, 1996 aus Atlanta als Siebter. 2000 in Sydney als Dreizehnter.

Richtig glücklich wurde er erst in München 2002. Auch privat wieder. Lobinger lebte in Trennung von seiner Frau Petra, der Mutter der gemeinsamen Kinder Kendra Fee und Lex Tiger. Auch sie war Leichtathletin, 1996 waren sie das erste Ehepaar, das bei einer Deutschen Hallenmeisterschaft triumphierte. Er Stabhochsprung, sie Dreisprung. Und dann, kurz vor Beginn der Leichtathletik-EM traf er Alina. Alina Baumann.

Bei einem offiziellen Pressetermin der deutschen Leichtathletik-Mannschaft auf dem Erdinger Marktplatz sahen sie sich das erste Mal. Lobinger war ein gefragter Mann, er war einer der Top-Stars im Team, außerdem war er extrovertiert, kantig, weil er immer seine Meinung sagte und sich nicht verbiegen ließ wie sein Stab beim Absprung nach oben. Auch Alina Baumann führte ein Interview mit ihm, als Reporterin von RTL. „Das war noch recht distanziert“, sagt Lobinger, „danach haben wir uns verabschiedet und gemeint: Wir sehen uns.“ Erst einmal aber sah vor allem sie ihn. Er sie nicht.

Er hatte auch ganz andere Gedanken, am 10. August, beim Finale, einem dramatischen Dreikampf. Am Ende blieb

Tim Lobinger (*1972) zählte seit Ende der Neunziger Jahre zu den besten Stabhochspringern der Welt. 1997 war er der erste Deutsche, der 6,00 Meter sprang. Sein größter Erfolg war der Sieg bei der Hallen-WM 2003.

Lobinger mit 5,80 Meter Bronze, vor ihm holte Teamkollege Lars Börgerling Silber, mit gleicher Höhe, aber weniger Versuchen. Und der EM-Titel ging mit 5,85 Metern an Alex Awerbuch. Ein Russe, ausgewandert nach Israel, erst 1999 war er dort Staatsbürger geworden, und doch war es einer der ergreifendsten Momente der EM, als bei der Siegerehrung Israels Hymne erklang, die Hatikvah, und sie über die Gegengerade die Fahne mit dem Davidstern aufzogen. Im Olympiastadion, 30 Jahre nach 1972.

Danach kam die Pressekonferenz, und da war Lobingers Laune erst einmal ganz unten. Nach der dritten Frage an den Europameister sorgte er fast für einen Eklat, als er moserte: „Wenn hier nur die Sieger gefragt sind, kann ich ja gehen." Das tat er dann zwar nicht, aber der Frust war ihm anzumerken, für ihn war es weniger ein gewonnenes Bronze als ein verlorenes Gold. Später dann hellte seine Stimmung auf.

Auch weil er Alina traf.

Alina Baumann hatte den Wettkampf live im Stadion mitverfolgt. Zusammen mit ihrer Mutter Brigitte, ebenfalls eine Journalistin, stand sie in der Nordkurve, nur wenige Meter entfernt von Lobinger, und bald kamen sie sich noch näher. Am Abend zog Lobinger zum „Pacha", im Münchner Nachtleben ein trendiger In-Schuppen, dort bat der TV-Sender Eurosport während der EM zum „Athletics After Sports Club", kurz, die Athleten konnten dort abfeiern bis zum Abwinken. Motto der Veranstaltung: „Meet the beautiful people." Für Lobinger: Triff deine künftige Ehefrau. Denn auch Alina Baumann kam.

Man unterhielt sich, und am Ende waren die beiden schon so weit, dass sie ihre Handynummern tauschten. „Und dann", sagt Lobinger, „ging es zwischen uns recht zackig." Also ziemlich schnell. Später sagte Alina Baumann einmal: „Schon bei unserem ersten Interview wusste ich: Den will ich heiraten." Das hatte sie so verinnerlicht, dass sie, als sie kurz nach dem Gespräch einen Anruf erhielt, mit „Alina Lobinger" meldete. Das dauerte dann aber noch neun Jahre. Bis zur Hochzeit am Tegernsee, Sommer 2011.

Beflügelt vom privaten Glück ging es für Lobinger auch sportlich wieder aufwärts. 2003 in Birmingham Gold bei der Hallen-WM, der erste große Titel eines deutschen Stabhochspringers seit dem

Jenaer Wolfgang Nordwig, der für die DDR in München Olympia-Gold gewonnen hatte, am 2. September 1972. Da war Tim Lobinger noch nicht einmal auf der Welt.

Die sechs Meter, die er 1997 und 1999 zweimal sprang, erreichte Lobinger nie mehr, auch die olympischen Pleiten setzten sich fort, Elfter in Athen 2004, Neunter in Peking 2008. Jedoch wurde er 2006 nochmal WM-Dritter in der Halle und EM-Zweiter im Freien. Und 2007 gewann er das Europacup-Finale in München. Danach feierte er nicht im Pacha, sondern im Biergarten. Am Nockherberg. Ganz in der Nähe seines neuen Zuhauses. Denn München war inzwischen seine neue Heimat geworden, mit Alina nahm er sich eine Wohnung in Obergiesing, und Lobinger wechselte auch den Verein. Vom ASV Köln zu Stadtwerke München.

Seine zweite Heimat, sagt er, sei das Olympiastadion geworden. Vor allem wurde es sein regelmäßiger Trainingsplatz zum Konditionsbolzen, immer wieder lief er die Stufen rauf und runter. „Es gibt wohl keinen Menschen auf der Welt, der hier so viele Treppen überwunden hat wie ich."

Mit Lobingers Karriere ging es danach dem Ende entgegen, auch mit der Leichathletik war es im Olympiastadion erst einmal vorbei. Lobinger bedauert, dass man den Schwung von 2002 nicht genutzt habe, dass sich der DLV entschied, die WM 2009 in Berlin abzuhalten und nicht in München. „Die WM in Berlin", sagt Lobinger, „ist total verpufft. Hier wäre das ganz anders geworden, ganz großartig." Nun jedenfalls würde er den Park viel bewusster erleben. In den Räumen des Olympiastadions unter der Haupttribüne hat Lobinger nun sein „Sportstudio 72", ein Fitness-Angebot für Spitzensportler unter professioneller Betreuung. Wenn er in der Früh mit seiner Vespa aus Giesing zum Park fährt und dann das Dach sieht, dann würde er jedesmal ins Schwärmen geraten, sagt er. „Ein magischer Ort, nichts kann dagegen anstinken, es gibt in ganz Deutschland keine schönere Sportanlage. Für mich hat der Architekt hier das Raumschiff Enterprise gebaut, so fantastisch ist das."

Und mehr noch, mit dem Park sei es wie mit den Frauen, sagt er. „Frauen, die als wunderhübsch gelten, sind auf Dauer langweilig, mir sind Frauen lieber, die du hundertmal anguckst und immer wieder was Neues entdeckst. Und so geht es mir hier im Park auch,

*Bei der EM 2002 gewann Stabhochspringer Tim Lobinger die Bronzemedaille
und das Herz seiner späteren Ehefrau Alina.*

Details, die einem plötzlich auffallen und die man dann ganz
bewusst anschaut. Das kann ein Baum am Olympiaberg sein oder
das Denkmal von der dicken Turnerin Richtung Radstadion." Die
Skulptur „Olympia Triumphans" des Bildhauers Martin Mayer,
die Frau, die mit den Händen auf der Erdkugel balanciert und die
Beine schräg nach oben streckt wie die Pylonen des Zeltdachs.

So viel Zeit, neue Dinge im Olympiapark zu entdecken, hat er nicht
mehr, denn nun ist Lobinger wieder oft weg aus München. Anfang
Juli 2012 engagierte ihn der neue Sportdirektor Ralf Rangnick als
Fitnesscoach für den ambitionierten Regionallisten RB Leipzig.

So kam Lobinger dann doch noch zum Fußball.

# Werner Luxi

## *Ein Tor mit 136 Verletzten –*
## *das Chaos an Maria Himmelfahrt*

Alle zwei Wochen kommt Werner Luxi aus Kolbermoor nach München. Werner Luxi hat früher bei 1860 gespielt, und wer als früherer 1860-Spieler alle zwei Wochen nach München kommt, bei dem ist anzunehmen, dass er dann ein Heimspiel seines alten Vereins besucht, die Kameraden von früher wieder trifft und es sich im Ehrengastbereich des Fröttmaninger Stadions gut gehen lässt. Bei Werner Luxi ist das nicht so. Luxi ist Feinmechaniker, er richtet Uhren wieder her, und zusammen mit seiner Frau kommt er jeden zweiten Freitag in die Stadt, auf Kundenbesuch in München. Zu den Spielen der Sechzger geht er nicht mehr. Mit denen hat er gar nichts mehr zu tun, will er auch nicht mehr.

Dabei hat er Geschichte geschrieben für den TSV 1860. Als Torschütze in einem Spiel für die Ewigkeit, einer Partie, in der in einem Zweitligaspiel im Olympiastadion für alle Zeiten ein Zuschauerrekord aufgestellt wurde. Als die Löwen gegen Augsburg spielten, als Luxi die frühe Führung erzielte und damit fast eine riesige Katastrophe ausgelöst hätte. Manche sagten später, es waren an die 100.000 Zuschauer im Stadion, in jedem Fall waren es mehr als erlaubt. Viel mehr.

1973, die Löwen spielten bereits das vierte Jahr nach dem Abstieg aus der Bundesliga in der Regionalliga Süd, der damals zweithöchsten Spielklasse im deutschen Fußball. Immer hatten sie den Wiederaufstieg verpasst. Nun, im Sommer 1973, hatte Franz Sackmann Rudi Gutendorf als Trainer geholt. Sackmann war Präsident. Als er 1969 antrat, hatte der Verein eine Million Mark Schulden. Beim Abstieg 1970 sagte Sackmann, nun werde man den Verein eben gesundschrumpfen. Nach fünf Jahren unter Sackmann betrugen die Schulden vier Millionen. Hauptberuflich war Sackmann übrigens Staatssekretär im Bayerischen Wirtschaftsministerium.

Gutendorf jedenfalls wollte 1860 wieder nach oben führen. Einige Monate vorher hatte man es dem großen Lokalrivalen FC Bayern gleich getan und war für die Heimspiele ins Olympiastadion umgezogen. Und der Auftakt in die neue Saison lief bestens, ein 4:0 auswärts bei Jahn Regensburg. Die Euphorie war groß um die Münchner Löwen, dann stand das erste Heimspiel an. Die Bedingungen hätten besser nicht sein können. 15. August, Maria Himmelfahrt, Feiertag. Strahlendes Sommerwetter, dazu das Derby gegen Augsburg. Und dann auch noch Haller.

Helmut Haller, der Vize-Weltmeister von 1966. Elf Jahre hatte er in Italien gespielt, sechs bei Bologna, fünf bei Juventus, jetzt, mit 34, war er im Sommer 1973 wieder zurückgekehrt in seine Augsburger Heimat. Zum FCA, der gerade aus der Bayernliga aufgestiegen war.

Schon im Vorverkauf waren 50.000 Karten weggegangen, und als Werner Luxi mit dem Mannschaftsbus der Löwen aus dem Quartier, der Sportschule Grünwald, knapp zwei Stunden vor Spielbeginn zum Stadion fuhr, wunderte er sich bereits über den enormen Andrang in und am Olympiapark. „Zugegangen ist's, dass ich richtig erschrocken bin", sagt Luxi. „Und ich weiß noch, wie ich mich gefragt hab': Herrschaft, was is denn da los, is heut' irgendwas?" Ja, es war.

Werner Luxi, Jahrgang 1952, Münchner aus dem Schlachthofviertel, Schmellerstraße. Die Großeltern hatten eine Metzgerei am Viktualienmarkt, als er acht war, ging er zum FC Bayern. In der Schule saß neben ihm der kleine Bruder vom Bubi Bründl. Bubi Bründl war 1966 Meister geworden mit 1860, ein Held der Löwen. Mit großer Überzeugungskraft bewegte der Bubi-Bruder schließlich seinen Spezl, doch zu den Sechzgern zu gehen. Luxi spielte sich durch die Jugend, 1970 war er dann in der ersten Mannschaft, aber mit Trainer Tilkowski gab es Knatsch, und Luxi spielte nicht mehr.

Doch Gutendorf setzte auf ihn, und das sollte sich gleich einmal auszahlen. Als Schiedsrichter Greiner das Spiel gegen Augsburg anpfiff, waren alle der 77.000 Plätze besetzt, aber draußen vor den Kassenhäusln, vor allem an der Nordostseite, standen noch viele tausend Menschen, die ins Stadion wollten. Und

**Werner Luxi** (*1952) spielte Anfang der Siebziger Jahre beim TSV 1860 München. Mit 25 beendete er seine Profikarriere. Er lebt heute als Feinmechaniker in Kolbermoor bei Rosenheim.

vielleicht wäre alles nicht so dramatisch geworden, wenn Luxi nicht so früh getroffen hätte. Dann hätte man den Leuten vielleicht noch sagen können, dass es keine Karten mehr gibt, und sie wären vielleicht grummelnd, aber friedlich nach Hause gezogen.

Luxi hatte es aber eilig.

Nach einem Steilpass von Timo Zahnleiter hatte Werner Luxi ins lange Eck geschossen, die Löwen führten nach nicht einmal drei Minuten, nun brachen alle Dämme.

Vom Torjubel drinnen im Stadion in helle Ekstase versetzt, stürmten die Zuschauer von draußen durch die Eingangstore, überrumpelten die Ordner, kletterten über den Absperrzaun. Die Situation eskalierte, und es war ein Wunder, dass es keine Massenpanik gab und keine Toten. Allerdings wurden 136 Zuschauer zum Teil schwer verletzt, Notärzte brachten sie in die nahen Krankenhäuser, vor allem ins Schwabinger.

Unten auf dem Rasen spielten sie unbeirrt weiter, und oben hatte sich die Lage noch nicht beruhigt, da leistete sich Löwen-Keeper Fahrija Dautbegovic einen entsetzlichen Schnitzer. Dautbegovic, ein Jugoslawe, war vor der Saison von Dinamo Zagreb gekommen, und nach der Saison ging er dann auch gleich wieder. Augsburgs Klaus Vöhringer traf zum Ausgleich, am Ende trennten sich 60 und der FCA 1:1, viel wichtiger aber, auch die Aufregung bei den Zuschauern hatte sich gelegt, da die Bereiche oben hinter der Gegengerade so weitläufig waren, dass sich die Menschen verteilen konnten.

Am Ende der Saison wurde es für beide Mannschaften nichts mit dem Aufstieg. Augsburg kam erst 37 Jahre später in die Bundesliga, bei den Löwen dauerte es nicht ganz so lang, immerhin waren sie 1977 schon wieder erstklassig. Ohne Werner Luxi.

Luxi erlebte noch die Rückkehr von Trainer Max Merkel, danach hatte Luxi einen Kreuzbandriss, es war schon sein zweiter. Als er im Krankenhaus war, kam keiner von 1860 vorbei, außer dem Masseur, der war ein guter Freund von ihm. Er kehrte wieder zurück an die Grünwalder Straße, inzwischen war Heinz Lucas Trainer. Luxi meinte, so, da sei er jetzt wieder, aber Lucas schaute nur befremdet und sagte: „Schon recht, dann lauf mal mit." – „Der hat ja gar nicht gewusst, wer ich überhaupt bin", sagt Luxi. Für Luxi war das alles nichts mehr, er hatte genug vom Profifußball, außerdem war

ihm die Szene noch zu falsch, eine große Scheinwelt. „Die ganzen Pubs und dauernd mit Kreti und Pleti durch die Discos ziehen", sagt er, „das war nicht meins."

Er ging nach Rosenheim, spielte dort für den Verein SB, zusammen mit einem anderen alten Löwen, dem Meisterspieler Hansi Reich, und auch mit Karlheinz Kas, dem späteren Sportreporter aus dem Radio. Brisant waren vor allem die Bayernliga-Derbys gegen 1860 Rosenheim, denn dort spielten die Alt-Stars Mucki Brenninger und Helmut Schmidt, die beide mit den Bayern 1969 Meister und Pokalsieger geworden waren. 1982 war Schluss mit Fußball, Luxi ließ sich in Kolbermoor nieder und widmete sich seinem neuen Beruf. Er verfolgte die Diskussion um Stadionumbau und Neubau und den Intentionen einiger Löwen-Fans, ins Grünwalder Stadion zurückzukehren. Und Luxi sagt, wenn er die Wahl hätte, noch einmal zu spielen, im Sechzger, in Fröttmaning oder im Oly, dann sei es für ihn ganz klar: „Die, die zurück ins Sechzger wollten, san eh Narrische, und da draußen die neue Arena, das ist so ein gräuslicher Betonbunker, der unpersönlich ist wie sonst nur grad was. Übers Olympiastadion geht einfach nix, das war das allerschönste hier." Wenn er in München ist, fährt er manchmal auch noch vorbei, er sagt, er sei fasziniert, nach wie vor von der Architektur. „Und manchmal", sagt er, „denk ich auch zurück an das Augsburg-Spiel."

An das einzige Tor, das Werner Luxi jemals für die Löwen schoss.

# Franz Maget

### Der Nachbar aus Milbertshofen:
### Mit dem Rollstuhl zum WM-Finale

Das Trikot von Franz Maget sieht noch recht neu aus, aber es ist auch schon wieder ein paar Jahre alt. So ein Trikot trugen die Löwen, als ihr Sponsor ein schwäbischer Motorenöl-Hersteller war, in den Jahren, als es schon nicht mehr lief wie geschmiert. Bis sie abschmierten in die Zweite Liga.

Jahre, die der langjährige Chef der bayerischen Landtags-SPD hier sehr intensiv miterlebte, hier im Olympiastadion. Wo er Jahrzehnte vorher allerdings ein Spiel sah, eine Partie, die noch viel bedeutsamer war als ein Bundesliga-Kick des TSV 1860. Es war das WM-Finale im Juli 1974 gegen die Holländer. Und das sah er auch nicht in der Nordkurve oder auf der Haupttribüne. Das sah er unten ganz nah am Spielfeldrand. Denn damals kam Franz Maget mit dem Rollstuhl ins Stadion.

Gleich nebenan wuchs er auf, ein paar Straßenzüge weiter, mittendrin in Milbersthofen, damals reines Arbeiterviertel. Und auch weil er hier aufwuchs, setzte er sich schon immer ein, für die, die es nicht leicht haben, für die Schwächeren.

Schon Anfang der Sechziger Jahre, zu Grundschulzeiten auf der Torquato-Tasso-Schule, als noch niemand glaubte, dass hier ein Jahrzehnt später Olympische Spiele sein würden, kam er immer wieder aufs Oberwiesenfeld. Ein Brachland, das ein aufregender Abenteuerspielplatz war. „Es war eine nicht sehr ansprechende Freifläche", sagt er, „es war der Schuttberg und sonst nichts." Ab 1965 bauten sie dann den Turm, aber der stand auch eher verloren in der Landschaft. „In einer ziemlich nackerten Wüste", sagt Maget. Franz Maget war zwölf, als das IOC 1966 die Spiele nach München vergab, und sofort sei er begeistert gewesen. „Mich hat das von Anfang an fasziniert, es war plötzlich auch so eine Aufbruchstimmung in der Stadt", sagt er, „man hatte das Gefühl: Jetzt wird München endlich eine Stadt von Weltrang." Bis dahin war

München das nicht, es war beschaulich und betulich, gerade damals, seit der Zeit, als 1957 Münchens Einwohnerzahl siebenstellig wurde, galt München als Millionendorf.

Selbst als die Stadt mittendrin war in den Vorbereitungen der Spiele, lästerten sie gerade im hohen Norden, im „Spiegel" und im „Stern", was München denn wolle, und in Anspielung auf die Nazizeit und Hitlers Rolle in München hieß es einmal angesichts der vielen Baustellen in der Stadt, dass München nun statt der „Hauptstadt der Bewegung" eben die „Hauptstadt der Erdbewegung" sei. „Auch in München selbst hat's natürlich gerade in der Bauphase viele gegeben, denen das nicht gepasst hat", sagt Maget. „Manche Leute haben nur g'schimpft über den Dreck und Staub und Lärm, und warum man da alles aufreißen muss." Zum Beispiel, um eine U-Bahn zu bauen, und die konnte Franz Maget dann auch in den letzten beiden Jahren vor dem Abitur gut gebrauchen, auf dem Weg ins Oskar-von-Miller-Gymnasium. Er, der bis dahin immer mit der Trambahn zur Schule zuckelte, stieg nun am Scheidplatz in die U3 ein und an der Münchener Freiheit wieder aus. Maget sagt: „Da hast dich schon dran gewöhnen können."

Dann kamen die Spiele, und es kam bald der 5. September, und Maget weiß noch, wie das am gleichen Tag ein großes Thema im Gymnasium war. Er war in der 13. Klasse, er war Schülersprecher. Für einen 18-Jährigen war es eh schon eine politisch aufregende Zeit mit vielen schulinternen Diskussionsrunden. Und dann das.

„Das war das erste Mal", sagt Franz Maget, „dass wir wirklich mit dem Terrorismus konfrontiert waren." Sicher, der Nahost-Konflikt war bekannt, auch die Jahre davor. Im Februar 1970 hatten palästinensische Freischärler in München-Riem eine El Al-Maschine überfallen und versucht zu entführen, dabei starb ein Israeli. „Aber dieses Bild von den maskierten Männern mit den Sturmhauben an den Fenstern der israelischen Sportler, das war eine ganz neue Dimension", sagt Maget. „Das war der Anfang, und alles, was man unter dem Begriff ‚Terrorismus' subsumiert, kam danach." Der deutsche Herbst, Schleyer, Mogadischu bis hin zu 9/11.

Maget sagt, dass er an jenem Tag vor allem gedacht habe, dass es besser sei, die Spiele abzubrechen. „Dass ausgerechnet in Deutschland wieder jüdische Sportler sterben mussten, das fand ich unerträglich. Mir wäre es am liebsten gewesen, in Sack und Asche zu gehen." Stattdessen aber gingen die Spiele weiter, Maget machte sein Abi, und dann begann er seinen Zivildienst. Im Max-Planck-Insitut für Psychiatrie in der neurologischen Abteilung.

Es war 1974. Es war die Zeit der Fußball-WM.

Franz Maget betreute in seiner Abteilung vor allem die Rollstuhlfahrer. Und plötzlich bekam er mit, dass einige Patienten zum Spiel konnten, zum Endspiel. Maget fragte nach, wie das denn sei, da bräuchte es doch sicher einen Betreuer, ohne Aufpasser könne man die ja nicht ins Stadion lassen. Und so kam es dann, dass Franz Maget mit einem Rollstuhl und einem Patienten darin durchs Marathontor ins Stadioninnere kam. Zusammen mit vielen anderen Rollstuhlfahrern und Begleitern. Sehr vielen sogar. „Die Vergabe von Eintrittskarten wurde damals sehr großzügig gehandhabt", sagt Maget, und dies hatte sich wohl auch in der ganzen Stadt herumgesprochen. Fast schien es, als hätten einige, die auf regulärem Wege keine Karten mehr bekommen hatten, die Gelegenheit genutzt, um auf dem Speicher mal zu schauen, ob da nicht noch der alte Rollstuhl von der Oma – Gott hab sie selig – herumsteht. „Jedenfalls habe ich in München noch nie so viele Rollstuhlfahrer gesehen wie an diesem Finaltag", sagt Maget, „und an jedem Rollstuhl stand dann natürlich auch noch ein Begleiter. Und an einigen standen auch zwei."

Der Treffer von Gerd Müller zum 2:1 und zum Weltmeistertitel war das letzte Tor, das Franz Maget dann für lange Jahre hier sah. Die Löwen, die er ins Herz geschlossen hatte, seit der Vater mal mit ihm als Bub von Milbertshofen quer durch die Stadt nach Giesing gefahren war, um ein Spiel im Sechzger anzuschauen, spielten mal hier, mal dort, im Olympia und im Grünwalder Stadion.

Zu Bayernligazeiten war selbst das Grünwalder oft viel zu groß, bei der Handvoll Zuschauer gegen Vilshofen, Ampfing oder Helmbrechts. Aber dann stiegen die Löwen wieder auf, Zweite Liga, Bundesliga. Und so wurde 1994 ein glückliches grandioses Jahr, weil sie wieder ganz oben spielten, und weil er selbst bei den Landtagswahlen erfolgreich seinen Milbertshofener Stimmkreis verteidigte, gegen die Strauß-Tochter Monika Hohlmeier, selbst üb-

*Am Tag nach dem Abstieg wurde er Mitglied beim TSV 1860: Der Löwen-Vizepräsident und langjährige SPD-Fraktionschef im Landtag, Franz Maget.*

rigens Löwen-Anhängerin und später acht Jahre im Aufsichtsrat des TSV.

Mit den Sechzgern ging es im zweiten Bundesliga-Jahr dann fest zurück ins Olympiastadion, dem Wildmoser war das Grünwalder zu klein und zu schäbig. Karl-Heinz Wildmoser, der Präsident, wollte auf Augenhöhe mit den Bayern sein, ein kühnes und völlig maßloses Ansinnen, aber immerhin, zusammen mit Werner Lorant schafften es die Löwen bis weit nach oben. Bis Platz 4 im Jahr 2000, bis zur Qualifikation für die Champions League.

Franz Maget war auch dabei, an jenem denkwürdigen Abend im August 2000. Mit 56.000 Zuschauern, als der alte Wildmoser vor Anpfiff in seinem Sitz auf der Ehrentribüne weinte, vor lauter Rührung. Sicher, es gab Löwen-Spiele, zu denen noch mehr Zuschauer kamen. Aber nie zuvor war die Stimmung so Sechzig wie an diesem Abend. Und nie mehr danach. Den Löwen hätte gegen Leeds United ein 1:0 gereicht, um sich für die Champions League zu qualifizieren, kurz vor der Halbzeit nagelte Häßler einen Freistoß ans Lattenkreuz. Kurz nach der Halbzeit traf Smith zum 0:1, Sechzig schied aus, und danach ging es langsam, aber stetig bergab. Lorant gefeuert, dann 2004 Wildmosers Ende, nach der Schmiergeldaffäre um die Allianz-Arena und seinen Sohn, den Heinzi. Wenig später der Abstieg. Das Spiel gegen Hertha, 33. Spieltag, das letzte Erstliga-Heimspiel in der Löwen-Geschichte für lange Jahre. Keiner wird es vergessen, Maget auch nicht. Wie die Löwen früh führten, durch Costa. Wie Madlung den Ausgleich schoss nach 82 Minuten. Wie die Löwen auf den Sieg drängten, den so nötigen Sieg für die Chance, am letzten Spieltag noch die Klasse zu halten.

Dann kam Kioyo. Fünf Minuten vor dem Ende. Zwei Minuten vor dem Ende bekam Sechzig einen Elfer. Kioyo nahm den Ball, es war seine erste Ballberührung, dann lief er an und drosch den Ball vehement am linken Pfosten vorbei.

Oben auf der Tribüne weinten sie, Karl Auer, Wildmosers Nachfolger als Löwen-Boss, malträtierte seine Sitzunterlage, dass man sich um das Kissen gleichermaßen sorgen musste wie um Auers Gesundheit. Franz Maget zeigte wenig Regung. Einer wie Maget leidet mehr nach innen. Maget sah blass aus wie später nach der Landtagswahl 2008. Als Spitzenkandidat fuhr er das schlechteste Ergebnis einer bayerischen SPD ein. Der Löwen-Fan kam passenderweise auf 18,60 Prozent, und manchmal fragt man sich, was eigentlich mehr Leidensdruck verlangt, in Bayern bei der SPD zu sein oder im Fußball bei Sechzig. Zumindest kann niemand Franz Maget vorwerfen, er sei ein opportunistischer Mitdemstromschwimmer.

Franz Maget ist auch Mitglied beim TSV 1860. Beitrittsdatum war am 23. Mai 2004. Am Tag nach dem Abstieg. In den folgenden Jahren des Zweitliga-Mittelmaßes verlor 1860 immer mehr an Charisma. Die Blauen wurden farblos. 2007 wurde man uninteressanter Achter. Im gleichen Jahr wurde Franz Maget Vizepräsident des Vereins. Da war es wieder, sein Herz für die Schwächeren.

**Franz Maget** (*1953) war von 2000 bis 2009 Oppositionsführer im bayerischen Landtag und trat 2003 und 2008 als Spitzenkandidat der SPD zu den Landtagswahlen an. 2007 wurde er Vizepräsident beim TSV 1860.

# Henry Maske

## *München als 12. Runde –*
## *Mohnkuchen für den Gentleman*

Henry Maske kniff, bei dieser Sache traute er sich lange nicht. Bei der Geschichte mit München. München als Austragungsort für seine Kämpfe, das schien ihm viele Jahre zu groß. München schien ihm zu übermächtig, München war er nicht gewachsen. Vor München ging er lieber in Doppeldeckung und warf gleich das Handtuch. Mit München nahm er es erst gegen Ende der Karriere auf. „Und dann hatte ich hier drei unvergessene Abende", sagt Maske. „Drei Kämpfe, die jeder für sich einzigartig waren." Und den besten Mohnkuchen aller Zeiten hatte er hier auch.

In seinem Boxerleben kam München also erst in der 12. Runde.

Ganz am Anfang ertönte der erste Rundengong noch drüben, hinter der Mauer. Treuenbriezten, Jüterborg, Ludwigsfelde, die ersten Stationen seines Lebens. 1971, mit sieben begann er das Boxen und im Jahr darauf sah er im Fernsehen die Sommerspiele, besonders die Zusammenfassung am Abend in der „Aktuellen Kamera". „Das waren meine erste Eindrücke von München", sagt Maske, „man hat sich damals im Fernsehen natürlich auf unsere Sportler konzentriert." Auf die, die im blauen DDR-Trikot Medaillen holten. Eine Medaille, eine goldene sogar, holte er später auch selbst. Als Amateurboxer im Mittelgewicht, 1988 in Seoul am Schlusswochenende. Keiner konnte ahnen, dass es eine der letzten sein sollte, die ein Sportler für die DDR gewann.

1990 änderte sich dann viel, das Land wurde gesamtdeutsch und Henry Maske Profi. Boxen hatte damals noch etwas Verruchtes, man wähnte Boxer bestenfalls als halbkriminelle Schlägertypen mit schlechter Kinderstube, solch finstere Gestalten wie Mike Tyson halt, drüben in Amerika. Dann aber interessierte sich das Privatfernsehen für den Sport. Bei RTL erkannten sie, dass einer wie Maske ganz anders war, kein blutrünstiger Schlächter. Man nannte ihn den Gentleman. Maske verprügelte seine Gegner nicht, er sezierte sie.

Boxen war nicht mehr dreckig, plötzlich war es ein sauberer Sport, fast schon keimfrei, aseptisch, boxen konnte sich sehen lassen. Aber nur wo? In welcher Halle? In welcher Stadt? „München mit seiner Olympiahalle war uns viel zu groß", sagt Maske, „ich war sehr skeptisch, was die Zuschauer angeht." Und warum? „Weil man dem Münchner schon sehr viel gute Argumente geben muss, damit er sich bewegt."

Viele seiner ersten Profisiege feierte er also in Düsseldorf in der kleinen Philipshalle, ebenso den ersten WM-Titel 1993. Die Einschaltquoten stiegen. Es kam Dortmund, die Westfalenhalle, schon eine Hausnummer größer. Und dann kam Graciano Rocchigiani, kurz Rocky.

Rocky war genau das Gegenteil. Rocky aus Berlin-Schöneberg, Sohn eines sardischen Eisenbiegers, ein Straßenkämpfer, kein Stratege. Den ersten Kampf in Dortmund im Mai 1995 gewann Maske umstritten nach Punkten, viele glaubten an Schiebung und dass Maske nur wegen der größeren Lobby gewonnen habe. Maske selbst sagt, seine Leistung sei an dem Abend „nicht sehr überzeugend gewesen", zumindest waren aber die medial aufgeheizte Debatte um ein mögliches Fehlurteil und genau dieses Duell der beiden konträren Charaktere die besten Voraussetzungen, um mit Promoter Wilfried Sauerland für den natürlich fälligen Rückkampf im Oktober München als Schauplatz der Revanche auszuwählen. Und es war eine gute Wahl. Denn der Münchner hatte nun ein Argument, sich in die Olympiahalle zu bewegen.

„Als dann feststand, dass es München wird", sagt Maske, „da wusste ich: Jetzt hast du es geschafft."

Maske war beeindruckt von der Stadt, vor allem aber vom Hotel. Vom Bayerischen Hof am Promenadeplatz und seiner Chefin, Innegrit Volkhardt. Die hatte kurz zuvor die Leitung von ihrem Vater übernommen, und sie las Maske jeden Wunsch von den Fäusten ab. Sie ließ in den kleinen Sportraum des Hotels einen Ring einbauen und Sandsäcke aufhängen, sie sorgte für Diskretion und wahrte Maskes Privatsphäre, vor allem aber sorgte sie auch für die richtige Stärkung. Mit Kuchen. Mohnkuchen. „Mohnkuchen", sagt Maske, „mochte ich immer schon besonders gern. Und der Mohnkuchen im Bayerischen Hof war schon ganz besonders gut."

*Drei seiner berühmtesten Kämpfe bestritt er in München: Box-Weltmeister Henry Maske, hier nach seinem Triumph über Graciano Rocchigiani.*

Der Mohnkuchen aber führte bei Maskes Frau Manuela zu Magengrimmen, weniger vor lauter Naschen als viel mehr aus Sorge um ihren Henry. „Sie fürchtete, dass ich wegen des Mohns am Ende bei der Dopingprobe positiv getestet werde", sagt Maske, „aber ich konnte sie beruhigen. Dafür waren die Mengen, die ich gegessen hatte, einfach zu gering." Denn für einen positiven Wert über der erlaubten Grenze sind schon ungefähr sechs große Stücke nötig. Die schaffte Maske nicht, sonst hätte er eh bald im Superschwergewicht antreten können.

Und beruhigt war Manuela Maske dann auch bald im Kampf gegen Rocky. Zu überlegen war ihr Ehemann diesmal und zu souverän, zu hilflos dagegen der Kontrahent. Wie hilflos er war, zeigte er nach dem Kampf, als er maulte, seine Handschuhe seien weich wie Gummistiefel gewesen.

Für Maske dagegen waren die Münchner Ringbretter ein guter Boden geworden. Zwei Titelkämpfe kamen noch an anderen Orten, in Dortmund gegen Duran Williams, in Leipzig gegen John

Scully, dann aber rückte das Ende näher, im August 1996 verkündete er seinen baldigen Rücktritt, und für Maske war klar, den Schlussgong seiner Karriere würde er in München hören wollen. Beim Kampf gegen Virgil Hill.

Statt seiner üblichen Einmarschhymne, dem „Conquest of Paradise", sangen Sarah Brightman und Andrea Bocelli diesmal passenderweise, dass es Zeit sei, „Time To Say Goodbye", aber es wurde nicht der Abschied, den er wollte, denn Hill gewann nach Punkten. Für Maske war das die erste Niederlage im 31. Profikampf. „An dem Abend", sagt Maske, „war ich einfach nur froh, dass es vorbei war." Erst einmal.

Maske wurde Geschäftsmann, Franchisenehmer von zehn McDonald's-Filialen in und rund um Köln, er hielt Vorträge über Motivation. Dann sah er Anfang 2006, wie der alte Hill mit seinen 43 Jahren ein verblüffendes Comeback feierte und in Atlantic City den Russen Waleri Brudow besiegte. Das ließ Maske keine Ruhe, und darum kündigte er einige Monate später seine Rückkehr an, die Rückkehr in den Boxring. „Mir ging es dabei nicht darum, eine Korrektur vorzunehmen, den Makel der Niederlage zu tilgen", sagt er, „das einzige, was mich motiviert hat, war, dass der Bursche nach neun Jahren noch einmal Weltmeister wurde. Ich wollte es einfach wissen, aber klar war für mich auch: Boxen will ich nur in München." Es folgen intensive 55 Wochen der Vorbereitung. Wochen und Monate des Trainings, der Häme von außen, der Zweifel von innen. „Und es gab Momente", sagt Maske, „da bekam ich auch Angst." Besonders im November 2006.

Schwergewichtler Axel Schulz, der immer ein wenig gutmütig und tapsig wirkte, hatte nämlich auch gemeint, er müsse nach sieben Jahren Kampfabstinenz wieder in den Ring steigen. Das war aber keine so gute Idee, gegen einen Mann namens Brian Minto gab es im westfälischen Halle eine ganz peinliche Nummer und eine verheerende Niederlage nach technischem K.o. Schulz hatte immer Sympathien genossen, nun war er blamiert. Henry Maske verfolgte das weit weg in

Henry Maske (*1964) gewann 1988 in Seoul Olympia-Gold im Mittelgewicht. 1993 holte er seinen ersten WM-Titel im Halbschwergewicht. Von seinen 32 Profikämpfen gewann er 31, davon 11 durch K.o. Seine einzige Niederlage erlitt er 1996 in der Olympiahalle gegen Virgil Hill.

den USA, am späten Nachmittag lokaler Zeit. Maske war in Hackensack, New Jersey, bei der Trainerlegende Teddy Atlas zur Vorbereitung. Er schaute den Schulz-Kampf am Laptop und er dachte sich: „Jetzt werden die Schreie noch lauter, dass mir das Gleiche passiert wie Axel." Dann sah Maske aus dem Fenster seines Plattenbaus, Nebel hatte sich breit gemacht in Hackensack. Schon bei Sonnenschein gibt es schönere Orte. Wenn ein New Yorker auf der anderen Seite des Hudson River sagen will, dass er nicht blöd sei und nicht auf der Brennsuppe dahergeschwommen, sagt er: „I'm not from Hackensack." So viel zum Image von Hackensack.

„Es war schmuddlig, grau, kalt", sagt Maske, „wie Boxen eben sein muss. Verdammt hart." Und gar nicht gentleman-like.

Es waren weitere vier harte Monate, dann kam München, Ende März 2007, natürlich stieg er auch diesmal wieder im Bayerischen Hof ab, und als er das dritte Mal in seinem Leben in die Olympiahalle einmarschierte, gab es das dritte Lied. Sarah Connor sang nicht die Nationalhymne, die hatte sie rein textlich zwei Jahre davor schon bei der Eröffnung der Allianz-Arena verhunzt, nein, sie sang vom „Impossible Dream", vom unmöglichen Traum. Einen, den sich Maske dann auch verwirklichte. Und wie er es tat. Es war kein Kirmesboxen zweier abgehalfteter Boxrentner, die noch mal Börse machen wollten, es war tatsächlich ein richtig ordentlicher Kampf, da sah man von weitaus jüngeren Kämpfern schon Schlimmeres. Wie groß der Druck bei Maske war, sah man danach. Nie zuvor war er so befreit, so gelöst, so entfesselt durch den Ring gehüpft wie nach dem einstimmigen Punktsieg gegen Hill.

Maske hatte Frieden geschlossen, mit sich und dem Boxen und mit München schon längst. Als Maske seine Termine hinter sich gebracht hatte, die Pressekonferenz, die Interviews, da ging er noch einmal rein die Olympiahalle. Es war halb zwei in der Nacht, es war kein Mensch mehr da. „Ein wunderbarer Moment an einem wunderbaren Ort", sagt Maske, „ganz allein mit mir und dem Wissen, dass jetzt endgültig alles vorbei ist." Dann fuhr er zurück in den Bayerischen Hof.

Und aß Mohnkuchen.

# John Miles

## *Musik war die erste Liebe –*
## *und München seine größte*

Beim ersten Mal, sagt John Miles, war er fassunglos, so etwas hatte er bis dahin noch nicht gesehen und später auch nicht mehr. Und John Miles hat viel gesehen in seinem Leben, einer wie er war herumgekommen auf dem Erdball, bei seinen vielen Tourneen und Konzerten, bei denen er manchmal in einem Jahr mehr Städte bereiste als andere in ihrem ganzen Leben. Das hier aber war völlig neuartig, in München, im Englischen Garten, am Eisbach. „Menschen, die in einem Park einer Großstadt völlig nackt auf einer Wiese herumliegen dürfen", sagt John Miles, „ich war geschockt. Aber dann dachte ich mir: Eigentlich ist das großartig und etwas, was diese Stadt so einzig macht." Auch so etwas, warum München seine große Liebe wurde.

Dass Musik seine erste Liebe war, das weiß inzwischen ja die ganze Welt. Hat er ja oft genug gesungen.

Kein anderer Künstler trat öfter in der Olympiahalle auf als John Miles, und immer wieder, gerade bei der „Night of the Proms", dieser alljährlichen Konzertreihe, sang er sein „Music", diesen alten unverwüstlichen Schmachtfetzen, einen der größten Gassenhauer der Pop-Geschichte. Eines dieser Lieder, das viele nicht mehr hören können, und andere immer wieder hören wollen.

*Music was my first love and it will be my last.*

John Miles (*1949) ist ein englischer Musiker und Komponist. Als Band-Mitglied u. a. von Jethro Tull und Tina Turner, vor allem aber mit der Show „Last Night of the Proms" kam er auf mehr als 50 Auftritte in der Olympiahalle.

Dabei begann die Liebesbeziehung äußert kompliziert, anfangs sah es nicht so aus, als würde das lange gut gehen mit den beiden, mit John und der Musik, als würde das lange halten. Eher eine flüchtige Affäre, mehr nicht.

Miles, Jahrgang 1949, hineingeboren in die raue Nachkriegswelt einer Hafenstadt im Nordosten Englands. Jarrow, alte Arbeiterstadt am Meer, Reedereien, Werften, Schiffsbau. Berühmt für die „Jarrow Marches" in den Dreißiger Jahren, ein Demonstrationszug runter in den Süden nach London als Protest gegen die hohe Arbeitslosigkeit. Der kleine John bekam Klavierunterricht, verlor aber bald die Lust, das Üben war lästig. Auf der Grammar School fand er durch einen Musiklehrer den Spaß am Klavier wieder, Miles und die Musik kamen nach einer ersten Krise wieder zusammen.

*Auf der „Night of the Proms" eine Institution: John Miles.*

Der junge John schloss sich anderen Musikern aus der Gegend an, gründete seine eigene Band, es kam der erste Plattenvertrag, eine Scheibe zusammen mit dem Alan Parsons Project, aber dann, 1976, kam ihm in einer ruhigen Minute in Leeds ein simpler Einfall, einer, der ihn zu einem reichen Mann werden ließ. Er schrieb schlicht und einfach ein Lied über seine Beziehung.

*Music of the future and music of the past.*

Der getragene Auftakt, sein Solo am Piano, der Übergang zu den Streichern, der schnelle rockige Teil im Siebenvierteltakt, dann wieder Streicher und Bläser bis hin zu einem pompösen Finale, eine halbe Stunde, sagt Miles, habe das Komponieren und Texten im Kopf gedauert, dann hatte er das Liebesbekenntnis beisammen. 1976 war das Jahr, in dem auf der Insel auch andere Lieder erklangen, die Sex Pistols sangen „Anarchy in the UK", und wenn das Verhältnis zur Musik bei John Miles nach beschaulichem Tastenstreicheln und Saitenhalten klang, dann war das bei den Punks eher eine schmerzhafte Sado-Maso-Kiste mit lustvollem Hang zur Instrumentenschändung.

1976 war aber auch das Jahr, in dem John Miles erstmals nach München kam. Zusammen mit Jethro Tull um Querflöten-Zampano Ian Anderson aus Blackpool spielte er in der Olympiahalle, und er sagt, dass er damals überwältigt war von der Dimension. „Das war so groß, mir war das unheimlich." Aber John Miles gewöhnte sich daran, musste er auch, so oft wie er danach hierher kam, bei mehr als 50 Auftritten. Einige Male mit Tina Turner, als Gitarrist und Keyboarder, und dann natürlich, und das am allerhäufigsten bei der „Night of the Proms".

Die Sache mit den Proms kommt eigentlich aus England. Die Promenadenkonzerte im Sommer, die im September mit der „Last Night of the Proms" enden, und das tun sie, weil es der Engländer gerne traditionell mag, auch schon seit 1894. In der Royal Albert Hall geht es dann zu wie an einem Faschingsdienstag, Menschen verkleiden sich mit lustigen Kostümen und singen inbrünstig „Rule Britannia" und „Land of Hope & Glory", altes Patrioten-Zeug, nicht ganz ernst gemeint. 1984 entwickelten dann Jan van Esbroeck und Jan Vereecke, zwei belgische Studenten, die Idee einer Proms-Nacht, ein Live-Konzert mit mehreren Künstlern und einem Crossover aus Klassik und Pop.

Kein Lied, das dafür geeigneter war als „Music".

*To live without my music would be impossible to do.*

Und John Miles war gleich dabei, schon beim allerersten Konzert, Sportpalast Antwerpen, Oktober 1985, er sang das Lied, und er singt es bis heute. Das Lied wurde immer mehr zum Markenzeichen der Veranstaltung, zur Hymne, die mittlerweile so dazu gehört wie Elgars Pomp & Circumstance-Marsch in der letzten Nacht in der Albert Hall. Viele Größen der populären Musikszene gaben in den vergangenen Jahrzehnten ein kurzes Spieldichein, Sting und Seal, Level 42 und Heaven 17, Andrea Bocelli und David Garrett. Die Pop-Welt kam und ging, nur der Mann aus Jarrow war immer da, es war eine Art Miles & More-Programm.

2011 spielte Mick Hucknall. Hucknall wurde in den Achtzigern bekannt als Simply Red, und ganz einfach nur Rot sah John Miles rund um seine Auftritte in München vor einigen Jahren vor allem im Olympiastadion. Bei den Spielen des FC Bayern mit seinen roten Trikots, auch das ist eine ganz eigene Geschichte.

*Und manchmal spielten sie sein Lied auch nebenan im Olympiastadion:
John Miles, der Komponist des Evergreens „Music".*

Miles ist nämlich ein großer Fußball-Fan, das war er schon immer, Jarrow liegt zwischen Newcastle und Sunderland, und wenn Newcastle gegen Sunderland spielt, dann ist die Stimmung zwischen den Fanlagern untereinander so gemütlich wie wenn in München die Bayern gegen die Löwen kicken, nämlich gar nicht. Miles jedenfalls nutzte die Gelegenheit immer wieder, und wenn eine Proms-Night an einem Samstagabend war, dann ging er nachmittags um halb 4 noch kurz rüber und schaute Bayern im Olympiastadion.

Und hörte dann sein Lied. Denn in der Saison 2004/2005, der letzten Spielzeit im Olympiastadion, hallte jedes Mal, wenn die Bayern ein Tor schossen, ein kurzer Ausschnitt aus „Music" als Jingle unterm Zeltdach.

„Erst dachte ich, ich höre falsch", sagt Miles, „aber es war wirklich so. Bei jedem Treffer. Das hat mich begeistert und stolz gemacht." Abgesehen davon, dass es angesichts der fälligen Gema-Gebühren auch lukrativ war, dass sich ausgerechnet der erfolgreiche FC Bayern das Stück ausgesucht hatte. Klingelte es beim Gegner im Kasten, dann tat es das bei John Miles in der Kasse.

Es hätte auch anders laufen können, würde das Lied etwa immer nun dann erklingen, wenn ein englischer Nationalspieler einen Elfmeter verwandelt, würde John Miles vermutlich am Hungertuch nagen. Miles hat im Fernsehen übrigens natürlich auch das Aus seiner Nationalmannschaft im EM-Viertelfinale 2012 gegen Italien gesehen. „Das mit den Elfmetern manifestiert sich als unser Trauma", sagt er, aber mehr will er dann auch gar nicht mehr darüber sprechen, und man tut es auch nicht. So wie John Cleese als Hotelbesitzer in der legendären Serie „Fawlty Towers" seinem Personal ans Herz legte, gegenüber den German guests nicht den Krieg zu erwähnen, redet man als Deutscher mit Engländern besser nicht über Elfmeterschießen. Don't mention the penalties.

Lieber spricht John Miles zum Schluss noch einmal über München. *In this world of troubles my music pulls me through.*

Über 2009 etwa, als er sich im Olympiapark verewigen durfte. Im „Munich Olympic Walk of Fame" am Seeufer, wo einige Persönlichkeiten ihre Handabdrücke in Zement hinterlassen durften. Eine illustre Gesellschaft, die 2003 anfing mit Howard Carpendale, Tom Jones und dem Dalai Lama, ein bunter Haufen, in den sich John Miles als 53. Persönlichkeit einbetonieren durfte. Hand drauf.

John Miles sagt, er möchte noch oft nach München kommen, die Mentalität der Menschen erinnere ihn an daheim. Im Norden Englands würden sie genauso gern Bier trinken wie im Süden Deutschlands, beide seien ein eigener Menschenschlag, man habe eine regionale Identität und die Hauptstadt des Landes ist weit weg, und das ist gut so.

Nur so schöne Biergärten wie hier haben sie in Jarrow und Umgebung nicht. Sein Lieblings-Biergarten, sagt Miles, sei der Chinesische Turm. Nirgendwo sonst könne man so entspannen und meditativ zu sich kommen. Ein Ort, wie er sagt, „to watch the world go by". Zu sehen, wie die Welt an einem vorbeiläuft, und manchmal auch ein Nackerter.

# Felix Neureuther

## *Das Spektakel am Olympiaberg –*
## *mit einem leidenden Österreicher*

Der kleine Felix, er war bald sieben, war schwer beeindruckt, ungläubig und voller Ehrfurcht. Herbst 1991, sein Vater hatte ihn mitgenommen zu einem Spiel des FC Bayern, der Vater hatte einen Durchfahrtsschein für den Olympiapark. Gleich hinter der Haupttribüne parkten sie, sie stiegen aus dem Auto, da kam auch schon der Mannschaftsbus angerollt. Heraus kamen die ganzen Idole vom Felix, die nun am kleinen Bub vorbei gingen. Aumann. Ziege. Schwabl. Effenberg. „Die aus nächster Nähe zu sehen", sagt Felix Neureuther, „das war für mich der Wahnsinn." Er sah dann von der Tribüne aus einiger Entfernung, wie seine Helden 3:2 gewannen gegen Schalke. Bender traf, Effenberg und Labbadia. An diesem Tag konnte er sich nicht vorstellen, dass einmal einer seiner besten Kumpel da unten kicken würde, Bastian Schweinsteiger. Und noch weniger dachte er wohl daran, dass er knapp 20 Jahre danach auf diesem Hügel hinter der Gegengerade vor tausenden Menschen Ski fahren würde. Und doch kam es genau so.

Felix Neureuther, Sohn von Rosi Mittermaier und Christian Neureuther. Ski-Legenden. Zu ihrer Zeit waren sie im Land die Besten. Bei diesen Eltern selbst Skifahrer zu werden ist mutig, weil jeder immer von den Eltern spricht und die Eltern der Maßstab sind. Für die Ameli, die ältere Schwester vom Felix, war das nichts, sie wurde Modestylistin, eine sehr erfolgreiche. Felix aber wollte immer schon Skirennläufer werden, er sagt, seine Eltern seien die besten Trainer gewesen. Dass die Mutter Doppel-Olympiasiegerin war, erfuhr er erst durch Zufall: „Da hat mir jemand ein Buch in die Hand gedrückt", sagt er „da waren Bilder von ihr und zwei Goldmedaillen drin." Seine Lehrer aber waren bald andere, Skitrainer des Verbands, und in den Jugendkadern traf er dann auch auf den Bastian. Beide waren sie Jahrgang 1984, der Vater vom Bastian war kein berühmter Skifahrer, sondern der Sporthändler Schweinsteiger aus Oberaudorf, und trotzdem war der Bastian sehr schnell, und oft war er schneller als der Felix. Beide spielten auch Fußball, sie schafften es in die bayerische Landesauswahl. Mit 13 trennten sich die Wege, das letzte Skirennen gegeneinander fuhren sie in Brixen. Schweinsteiger gewann vor Neureuther.

Der Felix ging dann nur noch in die Berge, der Basti zum FC Bayern. Mit 18 debütierte Schweinsteiger bei den Bayern-Profis, im November 2002, Olympiastadion, Champions League gegen Lens. Das sah Neureuther nicht, da war er gerade in Colorado beim Skifahren, bei zwei Rennen des NorAm-Cups. Die Reise hätte er sich auch sparen können. In beiden Slaloms schied er im ersten Durchgang aus.

„Aber irgendwann", sagt Neureuther, „sind wir dann doch wieder zusammengekommen. Ich bin oft ins Olympiastadion, um ihn spielen zu sehen." Wie oft, das weiß er nicht mehr. Es war jedenfalls öfters als Schweinsteiger nach Kranjska Gora fuhr, nach Wengen oder Sestriere, um seinen alten Spezl beim Skifahren anzufeuern.

Klassische Wintersportorte, aber eben weit weg, und darum hatten sie beim Weltskiverband FIS ja schon früher einmal, in den Achtzigern, die Idee: Warum sollen die Menschen aus der Großstadt immer erst ins Gebirge, um die Skifahrer zu sehen? Dann kommen eben die Skifahrer in die Großstadt. Und so war München schon 1986 Schauplatz eines Skirennens, eines Parallelslaloms der Frauen am Olympiaberg.

Damals kamen Marina Kiehl, Tamara McKinney, Erika Hess, die ganze Weltelite. Viele kamen mit einem Hubschrauber eingeflogen, vom Rennen unmittelbar davor in Bad Gastein. 1987 schwangen sie hier noch einmal herunter, das war es dann aber, in beiden Jahren waren 50.000 Menschen gekommen. Wer dabei war, weiß noch, wie viele hundert Menschen dicht gedrängt auf dem zugefrorenen Olympiasee standen. Und wie das Eis begann, bedenklich zu knirschen.

Einen Einbruch erlebte jedoch der alpine Skisport in den folgen-

Felix Neureuther (*1984), der Sohn der beiden Ski-Legenden Rosi Mittermaier und Christian Neureuther, ist der beste deutsche Skirennläufer. 2010 feierte der Slalom-Spezialist seine ersten beiden Weltcup-Siege in Kitzbühel und Garmisch. Beim Ski-Spektakel 2011 am Olympiaberg war er einer der Top-Stars.

*Drüben im Stadion war er schon als Bub. Zum Skifahren auf dem Olympiaberg kam er erst 20 Jahre später: Rennläufer Felix Neureuther.*

den zwei Jahrzehnten. Andere Wintersportarten boomten, Skispringen, Biathlon. Im Fernsehen kamen Alpin-Rennen nur noch als Konserve, und wenn noch etwas Sendezeit übrig war.

Immer lauter wurden die Forderungen, aus Skirennen ein Spektakel zu machen, anders als bei den faden Rennen in schwer zugänglichen Gebirgsregionen, wo mehr Journalisten herumstanden als Zuschauer. Also kamen wieder die Stadtrennen, und weil sich englische Terminologie besser verkauft, hieß das ab Ende 2009 „City Event". Ein Parallelslalom mit den 16 weltbesten Läufern und dem Kampf um Weltcup-Punkte. Den Anfang machte Moskau mit einer gewaltigen 56 Meter hohen Rampe, die ganze Gaudi kostete zehn Millionen Euro.

München war ein gutes Jahr später da schon deutlich billiger, unter einer Million. Aber in München hatte es ja auch schon den Berg, den Schuttberg im Olympiapark, mit einer 200 Meter langen Strecke. Auch wenn Neureuther in Moskau noch gewonnen hatte, im Rückblick war es in München am Neujahrstag 2011 ungleich schöner. „Wenn ich heute dran zurückdenke, kriege ich immer noch Gänsehaut", sagt er, „allein diese Kulisse, wenn du da oben stehst und siehst das Zeltdach und hörst, wie so viele tausend Menschen Deinen Namen schreien, das ist der Hammer."

Der Parallelslalom wurde im K.o.-System ausgetragen, und als Neureuther im Viertelfinale war, da riefen die 25.000 am Fuße des Schuttbergs den Namen seines Gegners nicht, im Gegenteil, da pfiffen sie ihn gnadenlos aus. Der Gegner war Romed Baumann, ein Tiroler, und bei deutsch-österreichischen Begegnungen im Wintersport gehört das Auspfeifen der Gäste traditionell zum guten Ton. Das ahnte auch der Romed aus Tirol, und Neureuther weiß noch, wie sich Baumann bei den Schmähungen am Start zu ihm herüber drehte und schmunzelte: „Des war so klar." Dann gewann Neureuther, Baumann flog raus und freute sich auf das nächste Rennen in Österreich.

Neureuther wurde am Ende Vierter, das Rennen um Platz 3 verlor er gegen Bode Miller. Bode Miller, der personifizierte Missmut der Ski-Szene, würdigte im Anschluss die „amazing atmosphere", und wenn das ein chronischer Stinkstiefel wie Bode Miller sagt, dann ist das schon eine Auszeichnung. Es war ein wunderbarer Tag, und die Zuschauer mussten nicht einmal Angst haben, im See einzubrechen, das Wasser des Sees hatten sie nämlich vorher bereits abgelassen. Auch Maria Riesch war angetan, die Olympiasiegerin meinte trotz ihres Aus in Runde 1: „Das ist einmalig. Das gibt uns einen richtigen Schub."

Und damit meinte sie die Bewerbung Münchens um die Olympischen Winterspiele.

München scheiterte trotzdem, ein halbes Jahr später bei der Abstimmung des IOC für die Spiele 2018, das war traurig. Und trist war dann auch die Stimmung Ende 2011 am Olympiaberg. Schon an Heiligabend gab es eine schöne Bescherung, als die FIS das für 2. Januar angesetzte Rennen absagte. Zu warm und zu wenig Schnee. Was blieb, war die Vorfreude auf den nächsten Winter.

Im Sommer 2012, es war ein heißer Tag, da sprach Felix Neureuther schon über den City-Event am 2. Januar 2013. „Das wird sicher wieder gewaltig", sagt er, „und vielleicht kommt dann auch der Basti zum Zuschauen." Am besten, der Basti würde auch mitfahren, wäre eine schöne Revanche. Wegen damals in Brixen.

# Wolfgang Niersbach

## *Eckfahnen in der Schubkarre und ein Ringkampf mit Beckenbauer*

Auch der Gast aus Frankreich war schwer beeindruckt. Es war Mai 2012, an einem dieser wunderbaren Frühlingstage, als Wolfgang Niersbach mit Michel Platini durch den Olympiapark schlenderte. Sie spazierten sehr lang, zwei der mächtigsten Männer im europäischen Fußball, der Präsident des DFB und der Boss der UEFA. Sie sprachen über die anstehenden Endspiele der Champions League, das der Frauen hier im Olympiastadion und das der Männer, draußen in Fröttmaning. Sie redeten über die kommende Europameisterschaft in Polen, der Ukraine, und wie unter Funktionären üblich, ging es noch um andere wichtige Verbandsthemen. Aber dann, ganz plötzlich, blieb Michel Platini stehen. Er schaute sich um, sein Blick schweifte über das gesamte Parkensemble, und dann sagte er: „Wolfgang, c'est magnifique."

Niersbach erzählt, dass es Platini in diesem Moment bedauert habe, zu seiner Zeit als Spieler nie, aber auch nie im Olympiastadion gespielt zu haben – außer einmal, bei einem Gaudispiel mit einer Weltauswahl. 1995, zum Fünfzigsten vom Beckenbauer. Aber sonst hatte Platini keinen Bezug zum Olympiapark. Anders als Niersbach. Er war Dauergast im Olympiapark. Seit seiner Zeit als Sportreporter.

Die Spiele von 1972 sah er noch daheim in Düsseldorf am Fernseher. Da war Niersbach 22, im Jahr darauf begann er sein Volontariat beim Sportinformationsdienst (sid), der erste Besuch des Olympiastadions war aber rein privat. Als Fan, Februar 1973, Länderspiel Deutschland–Argentinien. Niersbach kam gerade aus dem Skiurlaub in Reit im Winkl, und er sagt, er war überwältigt vom Eindruck unterm Zeltdach. Seine Heimatstadt hatte damals auch ein schönes Stadion, das 2002 schon wieder abgerissene Düsseldorfer Rheinstadion war damals gerade renoviert worden. Aber München und die Architektur des Stadions und des Dachs, das war für

Niersbach noch einmal eine andere Dimension. „Auch wenn ich irgendwo halblinks weit weg vom Spiel zwischen Reihe 60 und 70 saß", sagt er, „das Ambiente fand ich einfach atemberaubend." Das Spiel der Deutschen war es beim 2:3 weniger, für Argentinien trafen Ghiso, Alonso, Brindisi, für die Deutschen in den letzten zehn Minuten Heynckes und Cullmann.

17 Monate später sah Niersbach ein besseres Spiel der Nationalmannschaft, und er hatte auch einen besseren Sitzplatz. Es war das WM-Finale gegen Holland. Der „sid" hatte den jungen Volontär Niersbach als einen der Berichterstatter zum Endspiel geschickt, und dort schrieb der damals 24-Jährige eine richtig gute Story, die später berühmt wurde, und er schrieb sie als Allererster, vor allen anderen Kollegen.

Damals sangen vor Anpfiff die Fischer-Chöre, und man konnte fast das Gefühl haben, die Fischer-Chöre seien das eigentliche Hauptereignis des Nachmittags. Als Torjäger Gerd Müller nämlich lange vor Spielbeginn den Platz inspizieren und die Beschaffenheit des Rasens testen wollte, da stürmte der verantwortliche WM-Direktor Hermann Joch herbei und scheuchte ihn barsch vom Platz. Was er, Müller, sich denn überhaupt einbilde, weil auf dem Rasen müssten jetzt schließlich gleich die Fischer-Chöre singen. Die Fischer-Chöre bestanden aus vielen Sängern, sie brauchtse viel Platz, deswegen nahm Alfred Fackler, bei der WM damals der Stadionchef des Olympiaparks, die Eckfahnen heraus. Dumm nur, als die Chöre endlich wieder verstummt waren, vergaß er, die Fahnen wieder reinzustecken. „Wie der Alfred Fackler dann mit seiner Schubkarre und den Eckfahnen darauf ins Stadion gerannt kam", sagt Niersbach, „das werde ich nie vergessen. Ich sehe ihn noch richtig vor mir."

Bis die Fahnen wieder drin waren, dauerte es, das Finale begann mit zwei Minuten Verspätung. Jedenfalls schrieb Niersbach die Geschichte ganz schnell auf, eine Meldung, 30 Zeilen, so schnell, dass sie beim Sportinformationsdienst als erster Agentur über den Ticker lief.

Und Niersbach erlebte noch viele denkwürdige Spiele und Ereignisse

**Wolfgang Niersbach** (*1950) war Journalist beim Sportinformationsdienst. Nach seiner Zeit als Pressechef beim DFB und beim Organisationskomitee der WM 2006 wurde er 2007 DFB-Generalsekretär und 2012 Nachfolger von Theo Zwanziger als Präsident beim DFB.

hier, vor allem, als er dann Pressearbeit machte. Erstmals 1988 für die Europameisterschaft im eigenen Land. In der letzten Gruppenpartie der Vorrunde spielte Deutschland im Olympiastadion gegen Spanien, mit in der Startelf stand auch Rudi Völler. Rudi Völler hatte bis dahin noch kein Tor im Turnier geschossen, manche hatten ihn schon abgeschrieben, andere watschten ihn verbal rüde ab, allen voran Paul Breitner, der permanent lästerte gegen Völler. „Der bringt es nicht mehr", sagte Breitner im Fernsehen, und er

*„Den Franz am Rockzipfel":*
*DFB-Präsident Wolfgang Niersbach.*

sagte noch viel mehr, dagegen wirkte die Kritik von Mehmet Scholl an Mario Gomez bei der EM 2012 zärtlich wie ein Heiratsantrag.

Beckenbauer aber hielt an Völler fest, Deutschland gewann 2:0. Rudi Völler schoss zwei Tore. Niersbach musste natürlich professionell seine Arbeit verrichten, aber er sagt, dass dieses Spiel von hoher Emotionalität gewesen sei, da Rudi Völler damals schon ein guter Freund von ihm war.

Und mit Rudi Völler hatte er hier später auch noch einmal einen emotionalen und dramatischen Moment, 13 Jahre danach.

Erst aber, gleich nach der EM, nach dem Finale in München, das die Holländer durch Gullits Kopfball und dem Jahrtausend-Schuss von Marco van Basten 2:0 gegen die Sowjets gewannen, wurde Niersbach Pressechef beim DFB. Das war damals eine schwere Aufgabe, denn der Teamchef hieß Franz Beckenbauer, und so schien es manchmal, als sei Niersbachs Aufgabe in erster Linie nicht unbedingt, die Journalisten mit Informationen zu versorgen, sondern sie bestünde vor allem darin, den Franz zu beruhigen. Denn der Franz war oft zornig, und das war er auch im Oktober 1988 im Olympiastadion, nach einem trostlosen 0:0 in der WM-

Qualifikation gegen Holland. Fuchsteufelswild stürmte Beckenbauer nach Abpfiff von der Trainerbank Richtung Katakomben, allerdings warteten auch die TV-Reporter für erste Interviews am Spielfeldrand. „Darum versuchte ich, den Franz am Rockzipfel festzuhalten, damit er nicht in die Kabine entschwindet", sagt Niersbach. Beckenbauer aber riss sich los, und weil ein Fotograf in dem Moment abdrückte, als die Szene für beide wenig vorteilhaft nach einem Gerangel aussah, schrieb eine Münchner Zeitung tags darauf von einem „Ringkampf".

Ab diesem Moment einigten sich Beckenbauer und Niersbach darauf, sich schon vor Abpfiff über die weitere Vorgehensweise mit den Medien zu verständigen, und doch: Niersbach ersparte Beckenbauer noch oft öffentliche Wutausbrüche, etwa bei der WM 1990, als er nach dem Viertelfinale in die Kabine kam. Deutschland hatte die damalige CSFR 1:0 bezwungen, aber Beckenbauer tobte vor seiner Mannschaft, weil sie so miserabel gespielt hatte. Als Beckenbauer kurz davor war, mit dieser Laune zur Pressekonferenz zu gehen, sagte Niersbach ihm nur: „Franz, wir sind im Halbfinale." So fiel das Urteil eines Beckenbauers vor der Weltpresse noch halbwegs milde aus.

Nach Beckenbauer kam Vogts, dann Ribbeck. Unter Ribbeck spielten die Deutschen in München gegen die Türkei, Qualifikation für die EM 2000. Auch so ein besonderer Abend. „Das Stadion war ausverkauft", sagt Niersbach, „aber es war wie ein Auswärtsspiel, 45.000 türkische Fans auf den Rängen, der erste Einheimische, den ich traf, war auf der Laufbahn Olympiapark-Chef Wilfrid Spronk. Ich kam mir vor wie in Istanbul oder Izmir." Oder wie in Münchün.

Immerhin erkämpfte die deutsche Mannschaft ein 0:0, und das war erfreulicher als der Abend knapp zwei Jahre später, der 1. September 2001. WM-Quali Deutschland gegen England, da bereits mit Freund Völler als Teamchef. Jancker traf zum 1:0, nur sechs Minuten waren gespielt, Niersbach sah kaum noch etwas, weil vor ihm Innenminister Otto Schily entzückt herumhüpfte. Das tat Schily danach an dem Abend nicht mehr. England demolierte die Deutschen, schoss noch fünf Tore, dreimal Owen, Gerrard, Heskey, und auf der Insel wurde das Foto der Anzeigetafel „Deutschland – England 1:5" zu einem der beliebtesten Motive für selbstbedruckte T-Shirts und Glückwunschkarten.

*Wegbegleiter und langjähriger Freund: Wolfgang Niersbach mit Franz Beckenbauer und dessen Frau Heidi.*

Dramatisch war der Abend aber auch aus einem ganz anderen, viel ernsteren Grund. Mitte der ersten Halbzeit hatte in Block Z, Reihe 4, ein Mann, 75 Jahre alt, einen Herzanfall erlitten. Der Notarzt versorgte ihn vor Ort, brachte ihn mit Blaulicht in die Klinik. Es war Kurt Völler, der Vater von Rudi, und Niersbach bekam das natürlich schnell mit. „Ich überlegte mir die ganze Zeit, ob ich ihm das schon während des Spiels sagen soll", erzählt Niersbach, „dann habe ich aber doch gewartet. Ich ging runter, als er nach Abpfiff in die Kabine ging, habe ich ihn abgefangen und ihn informiert."

Gemeinsam fuhren Niersbach und Völler ins Schwabinger Krankenhaus, glücklicherweise konnten die Ärzte bald Entwarnung geben, und so waren sie bald wieder bei der Mannschaft, im Sheraton am Arabellapark. Niersbach hatte damals die DFB-Pressearbeit bereits an Harald Stenger übergeben, er war nun im Organisationskomitee für die WM 2006. Wo anfangs ja noch mit dem Gedanken gespielt wurde, ob das Finale nicht wie auch 1974 im Münchner Olympiastadion abgehalten werden soll.

In der Bewerbung, mit der Deutschland für die Ausrichtung der WM 2006 kandidierte und im Juli 2000 den Zuschlag bekam, stand das Olympiastadion auch noch als Spielort, mehr sogar, zwischenzeitlich galt es sogar als Favorit für den Finalort. In Berlin bahnten sich Probleme mit dem Umbau des dortigen Olympiastadions an, und als Beckenbauer, Thomas Gottschalk und Boris Becker auch noch einen Werbespot unter dem Behnisch-Zeltdach drehten, da wurde schon gemunkelt, das sei eine Festlegung auf München. In dem Kurzfilm betrieben die drei Rasenpflege, sie schauten auf die leeren Tribünen, dann sagte Beckenbauer: „A paar mehr Leut' wern schon noch kommen." Sie kamen, aber nicht mehr hierher.

Denn nach dem abrupten und überraschenden Scheitern der Umbaupläne des Stadions im Dezember 2000 kamen die Leut' 2006 nach Fröttmaning, und das Finale spielten sie dann doch in Berlin.

Niersbach sagt, ein Umbau mit einer Überdachung der Gegengeraden wäre am Ende auch nicht die Ideallösung gewesen. Weder für die Fußballer noch für die Ästheten. Und weiter in einem unüberdachten Stadion zu spielen, hätte man keinem mehr zumuten können. „Dieser Park ist einzigartig, die Architekten haben ihn mit einer phänomenalen Weitsicht angelegt, zu einer Zeit, als man den Begriff Nachhaltigkeit noch nicht kannte", sagt Niersbach. „Und dennoch: Wie damals bei Schneeregen auf der Gegengerade zu sitzen und 50 Mark für einen Platz 50 Meter vom Spiel auszugeben, da nützt dir der schönste Blick aufs Dach nichts mehr. Alles zu seiner Zeit, wie im Rheinstadion, das galt zu seiner Zeit ja sogar als modernstes Stadion Europas, wenn nicht der Welt."

Immerhin, das Münchner Olympiastadion haben sie wenigstens stehen lassen.

# Svetislav Pesic

## Die Rückkehr nach München –
## ein großer Wurf und große Gefühle

Marko, sein Sohn, traf eine gute Wahl. Im November 2011, als er Sportdirektor wurde, bei den Basketballern des FC Bayern. Svetislav, seinen Vater, hat das sehr gefreut, nicht allein im Glauben, dass diese Aufgabe genau die richtige ist für den Marko. „Auch deshalb", sagt Svetislav Pesic, „weil ich jetzt wieder öfters in München sein darf und dann oft im Olympiapark bin." Er sagt, für ihn sei das ganze Gelände „ein Denkmal für die Ewigkeit", das Dach, das Stadion, aber natürlich ist für ihn gerade die Olympiahalle der Ort der großen Gefühle. „Das ist jedes Mal ein emotionaler Moment, wenn ich davorstehe und zurückdenke." An 1993. Als er als Trainer die deutsche Nationalmannschaft zum größten Triumph ihrer Geschichte führte. Als sie hier Europameister wurden und den Titel holten unter dem euphorischen Jubel der 10.000 Zuschauer.

Bei einem Turnier, das für die deutsche Auswahl mit Pfiffen und Buhrufen begonnen hatte. Aber da spielten sie auch noch in Berlin.

München hatte für Svetislav Pesic schon immer eine eigene Faszination. Und München war für ihn früher ein Traum. Als Spieler mit Anfang 20, im alten Jugoslawien spielte er für Partizan Belgrad und Bosna Sarajewo. „Ich war ein Kandidat für die Olympia-Auswahl", sagt er, „aber kurz vorher habe ich einige schlechte Spiele gemacht, darum blieb ich daheim." Darum sah er dann 1972 zuhause am Fernseher das dramatische Finale zwischen den USA und der Sowjetunion, als die Schiedsrichter die letzten drei Sekunden zweimal wiederholen ließen. Wie Alexander Below mit der Schluss-Sirene zum 51:50-Sieg gegen die Amerikaner traf, in der Rudi-Sedlmayer-Halle. Pesic spielte selbst bis 1980, feierte als Trainer mit jugoslawischen Junioren-Teams große Erfolge, dann kam er nach Deutschland. 1987 wurde er Nationaltrainer.

Die EM 1993 sollte das letzte große Ziel sein, schon lange vorher kündigte er seinen Rücktritt nach dem Turnier an. „Sechs Jahre als

Bundestrainer", sagt Pesic in der Rückschau, „da kam ich mir ja schon langsam vor wie ein Beamter. Das war zu lange." Und anfangs schien es auch so, als habe sich Pesic abgenutzt, als könne er die Mannschaft nicht mehr motivieren. Ein peinliches 103:113 gegen Estland zum EM-Auftakt in der Berliner Deutschlandhalle sorgte für ein gellendes Pfeifkonzert und für einen Wutanfall von Pesic in der Kabine. Mit Siegen gegen Belgien (93:64) und Slowenien (79:54) erreichte man die Zwischenrunde, ebenfalls in Berlin. Nach Niederlagen gegen Frankreich (56:64) und Kroatien (63:70) kam das Pesic-Team nur dank eines 77:64 gegen die Türkei gerade noch als Gruppenvierter ins Viertelfinale. Von einer Basketball-Euphorie war da noch nichts zu spüren, der beachtliche siebte Platz bei den Olympischen Spielen von Barcelona 1992 wirkte im Nachhinein wie ein Zufallsprodukt. Zu sehr schien sich 1993 das Fehlen von Detlef Schrempf bemerkbar zu machen. Der beste deutsche Spieler und NBA-Star hatte wegen einer Knieverletzung absagen müssen.

Aber dann wurde alles besser. Dann kam München.

Ab der Runde der letzten Acht war nämlich dort die Olympiahalle Schauplatz sämtlicher Spiele. Und dort gelangen der Mannschaft viele Körbe und der erste große Wurf. Von Christian Welp. Wenige Zehntelsekunden vor Ende der Verlängerung traf er gegen Mitfavorit Spanien zum 79:77, danach torkelten Pesic und in die Spieler innig in einen berauschten Kollektivtaumel, und auch wenn Hansi Gnad, einer seiner Führungsspieler grummelte: „Eigentlich war es ein Unding, dass wir hier gewonnen haben", sprach Pesic schon vom „größten Erfolg des deutschen Basketballs."

Es wurde dann noch größer.

Das Halbfinale gegen Griechenland, ein 76:73, wieder war Christian Welp der beste deutsche Werfer. Die Deutschen warfen die Griechen aus der Euro, viele der 3000 griechischen Fans in der Olympiahalle fanden das nicht so lustig, sie randalierten und warfen schon vor Abpfiff Gegenstände aufs Parkett. Die deutschen Fans tobten dagegen vor Enthusiasmus, und Svetis-

**Svetislav Pesic** (*1949) war von 1987 bis 1993 Nationaltrainer der deutschen Basketball-Mannschaft, die mit dem EM-Titel 1993 den größten Erfolg ihrer Geschichte feierte. Neben seiner Tätigkeit als Vereinstrainer bei Roter Stern Belgrad kehrte er 2012 als A-Nationaltrainer zum Deutschen Basketball-Bund zurück.

*Und dann warfen sie ihn erst einmal nach oben:*
*Bundestrainer Svetislav Pesic nach dem EM-Triumph 1993.*

lav Pesic sagte damals bereits über den großen Unterschied zur Vorrunde: „In Berlin haben wir gespielt, um nicht zu verlieren. In München spielen wir, um zu gewinnen." So wie dann im Endspiel.

70:70 stand es gegen Russland, dann hatte Welp noch einen Wurf, einen Freiwurf. Auf der Uhr standen noch drei Sekunden, später sagte Christian Welp über seine Gedanken beim Anvisieren des Korbs: „Ich dachte mir: Entweder bist du jetzt gleich Europameister oder du bist der größte Arsch." Welp traf, und weil es – anders als 21 Jahre zuvor – diesmal keine Schiedsrichter gab, die den Russen noch einmal die drei letzten Sekunden gewährten, hatten die deutschen Basketballer den Titel. Offizielle Messungen gab es keine, selten aber dürfte die Dezibel-Zahl in der Halle bei einer Sportveranstaltung höher gewesen sein. Die Spieler nahmen Pesic auf ihre Hände und warfen ihn in die Luft, am liebsten hätten sie ihn bis an die Hallendecke geworfen.

Zur Siegesfeier ging es in den „Bamberger Hof" im Luitpoldpark, manch ein Spieler war noch immer ungläubig, Michael Koch etwa meinte: „Sagt mir, dass ich im Hotelbett liege und träume." Im Hotel kam später noch ein Fax an, von Detlef Schrempf aus Amerika, darauf stand: „Super gemacht, Jungs".

*Die Basketball-Nationalmannschaft nach dem Sensationserfolg
in der Münchner Olympiahalle. Der fehlende Superstar Detlef Schrempf
schickte seinen Glückwunsch per Fax.*

Es war der 4. Juli, der Nationalfeiertag in den USA, und der neue Feiertag der deutschen Basketballer. Einer, der einzig blieb.

Nach dem Finale hatte Pesic gemeint: „Dieser Sieg ist der Beginn einer neuen Zeitrechnung." Es klang ein wenig nach Franz Beckenbauer, der nach dem WM-Sieg 1990 gemutmaßt hatte, die deutsche Fußball-Nationalmannschaft sei über Jahre unschlagbar, auch angesichts der anstehenden Wiedervereinigung. Es war ein Irrtum, genauso wie sich Pesic irrte. WM-Dritter 2002, EM-Zweiter 2005, ansonsten blieben Erfolge aus.

2012 kehrte Pesic zurück, er übernahm parallel zu seiner Aufgabe als Vereinstrainer bei Roter Stern Belgrad die deutsche A-Nationalmannschaft. Im „Audi Dome", wie die altolympische Sedlmayer-Halle nach der Renovierung heißt, hat er inzwischen oft die Stimmung erlebt, bei den Heimspielen des FC Bayern. „München ist eine große Stadt für Basketball", sagt er, „hier kann sich etwas entwickeln, und noch einmal eine Europameisterschaft, das wäre hier eine fantastische Sache." Und am liebsten, sagt er, in der Olympiahalle. Dort, wo das Denkmal steht.

Dort, wo er sich selbst eines gesetzt hat.

# Bernhardine Radner

## *Die Institution im Hintergrund:*
## *Ali war ihr zu spät*

Den Weg zur Arbeit genießt sie jeden Tag. Die zehn Minuten zu Fuß, von der U-Bahn-Station Olympiazentrum, auf der Fußgängerbrücke über den Mittleren Ring hinüber, und gleich danach hinunter an ihren Schreibtisch, im Verwaltungsgebäude der Olympiapark-Gesellschaft. „Dieser Blick fasziniert mich immer wieder", sagt Bernhardine Radner, „wenn ich vor mir das Zeltdach sehe, das ist schon gewaltig schön." Satt gesehen hat sie sich auch nach 40 Jahren nicht, die dienstälteste Mitarbeiterin des Olympiaparks. Die Frau, die schon da war, als es den Olympiapark noch gar nicht gab.

Bernhardine Radner arbeitete als Sekretärin für das Landesarbeitsamt in München, dann setzte sie ein Inserat in die Zeitung. Es war Anfang 1971. Ein Stellengesuch, ganz kurz, nur wenige Zeilen. Sekretärin sucht Arbeit. „Daraufhin", sagt Bernhardine Radner, „habe ich 40 Angebote bekommen." Das waren Zeiten. Unter den Anbietern war auch die neu gegründete Olympiapark-Gesellschaft, und die Frau Radner dachte sich, so etwas wie der Olympiapark habe Zukunft, da könnte sie sicher auch noch nach den Olympischen Spielen weiterarbeiten.

Zweifel hatte sie nie, auch wenn damals Nörgler meinten, was das für ein Irrsinn sei mit dem Zeltdach, das halte nie und nimmer seine zehn Jahre. „Und wenn der erste Herbststurm kommt, dann haut's das ganze Dach weg", das hörte Frau Radner einige sagen. Herbststürme kamen viele, aber das Dach blieb, und Frau Radner blieb auch, beide als fester und wichtiger Bestandteil des Olympiaparks, unterschiedlich natürlich. Das Dach sah man besser.

Die letzten Seilwinden vom Dach wurden gerade noch fest gezurrt, da saß Bernhardine Radner schon in ihrem Büro. Das Büro war anfangs ein Provisorium in der Winzererstraße. Von den Spielen selbst sah sie nichts, nur das, was die ganze Welt sah, am Fernseher eben. Frau Radner sah auch den Überfall auf die israelische Mannschaft, und sie sagt, an dem Tag habe sie eine richtige Wut verspürt: „Ich war richtig sauer, weil die uns alles kaputt gemacht haben." Erst 1973 zog die Geschäftsstelle um auf die Nordseite der Olympi-ahalle, 1974 war sie dann aber doch auch bei einem Großereignis in der Geschichte des Parks dabei, beim WM-Finale zwischen den Deutschen und den Holländern. Sie hatte den Platz ganz oben, direkt unter dem Dach, in der Regiekanzel. Sie sah das Missgeschick mit den Eckfahnen, die vor Anpfiff vergessen wurden. Und wie der damalige Stadionchef Alfred Fackler deswegen beschämt oben bei ihr und den anderen Mitarbeitern in der Kanzel ankam. „Das hat schon eine Zeit lang gedauert, bis er sich beruhigt hat." Dieser Besuch im Stadion war aber eher eine Ausnahme für Frau Radner. 1976 war sie mal in der Olympiahalle, es stand gerade der Kampf von Muhammad Ali gegen Richard Dunn an. Der einzige Auftritt des größten Boxers aller Zeiten in München. Die, die dabei waren, reden heute noch davon. Der Kampf begann um 2 Uhr in der Nacht, aber das war der Frau Radner dann doch zu spät, irgendwann stand sie auf und ging, 2 Uhr, aufbleiben wegen Boxen, nicht wirklich.

Ihr Platz war auch nicht die Tribüne, der Platz, an dem sie sich am wohlsten fühlte, war als Chefsekretärin das Vorzimmer vom Geschäftsführer. Anfangs war das Werner Göhner, ab 1993 Wilfrid Spronk, zuletzt seit 2009 Ralph Huber. Und darum wusste Frau Radner auch immer als Allererste Bescheid. Nur gesagt hat sie nie etwas. Dafür schrieb sie.

Seitenweise Protokolle, Briefe, Einladungen, wie viel, das hat sie nicht gezählt, aber es war sehr viel. Wenn Künstler verpflichtet wurden für Konzerte einige Monate später, dann war sie einge-weiht, bevor es die Öffentlichkeit wusste, und manchmal freute sie sich auch schon darauf, weil sie sich dachte: „Den schau ich mir dann vielleicht doch an." Jethro Tull, die Rolling Stones, Neil Diamond.

In politische Belange, in Verhandlun-gen, in Diskussionen, da mischte sie sich natürlich nie ein. Nur einmal, da sagte sie auch etwas, da ging es um den Rollsteig.

Der Rollsteig war nach den Olympi-schen Spielen eine Idee von Werner Göh-

**Bernhardine Radner**
(*1949) arbeitet seit April 1971 für die Münchner Olympiapark-Gesell-schaft, die Chefsekretärin war damit bis zu ihrem Ausscheiden Ende 2012 die dienstälteste Mitar-beiterin.

ner. Das sollte so aussehen wie am Flughafen zwischen einzelnen Terminals, zur schnelleren Überbrückung längerer Strecken. Ein überdachtes Fließband für die Parkbesucher, etwa bei Fußballspielen, von der U-Bahn zu Schwimm- und Olympiahalle bis hinüber zum Stadion. Vor der Schwimmhalle links, da stand viele Jahre ein wenige Meter langer Querschnitt, wie das hätte aussehen sollen. Wie es aber nie aussah, denn realisiert wurde das Projekt letztendlich nicht. Zum Bedauern von Frau Radner, die

*40 Angebote auf ein Stelleninserat: Bernhardine Radner entschied sich für den Olympiapark.*

eine Befürworterin des Rollsteigs war und darum eben einmal zu einem Stadtrat gesagt hatte: „Denken S' doch nur amal an die armen Kinder, die im Winter aus der Schwimmhalle kommen, mit ihren nassen Haaren." Sonst aber hielt sich Frau Radner immer zurück.

Sonst war sie stets höflich, freundlich, wenn Politiker anriefen, Manager, Veranstalter, die durchgestellt werden wollten zum Chef. Für die, die öfter geschäftlich mit dem Park zu tun hatten, wurde sie eine schon lieb gewonnene Institution. Wie beliebt, das zeigte sich etwa bei Walther Tröger, dem früheren NOK-Chef, beim Gesprächstermin für dieses Buch. Als die Rede auf die Personen in der Olympiapark-Gesellschaft kam, da fragte er sofort: „Sagen Sie, gibt's eigentlich die Frau Radner noch? Dann sagen Sie ihr bitte einen ganz herzlichen Gruß."

Ja, die Frau Radner gibt's noch, aber bald nur noch als Rentnerin. Ende 2012, nach mehr als 41 Jahren, geht sie in den Ruhestand. Sie sagt, es ist jetzt auch Zeit. „Abgehen wird er mir schon, der Park, aber ich werde dann einfach privat öfter vorbeischauen." Dann hat sie alle Zeit der Welt und kann ihn noch mehr genießen, den Fußweg von der U-Bahn.

# Sigi Renz

## *Oktoberfest mit Radrennen:*
## *Wo Strauß sein Stammgast war*

Natürlich mag Sigi Renz sprechen über seine Zeit im Olympiapark, aber als der Termin dann ansteht, da kommt er zu spät. Sigi Renz ruft an, er sagt, er steht im Stau, er ist mit dem Auto unterwegs, es geht nur ganz langsam voran. Viel langsamer als früher mit dem Radl, denn mit dem Radl war Sigi Renz einmal sehr schnell. Und als er nicht mehr selber im Sattel saß, sah er viele schnelle Radler, jedes Jahr, sechs Tage lang in der Olympiahalle. Bei den Münchner Sixdays, seinen Sixdays.

Radrennfahrer, das war der Traum vom kleinen Sigi, dem Buben vom Kurfürstenplatz. Nach dem Krieg fuhr er hier durch die Schwabinger Ruinen, sein erstes richtiges Rad war dann eines der Marke „Express". „Des war mir viel zu groß, a Mords-Trumm Eiseng'stell", sagt Renz. Als er dann doch gekommen ist.

Er ging zum Radverein RV 49, lernte Werkzeugmacher. Mitte der Fünfziger Jahre, da bekam er 81 Mark in der Woche, weitaus weniger als bald fürs Radeln. Renz fuhr zu Sechstagerennen, Finnland, Frankreich, Italien, es gab Fixgagen von 800 Mark, bar auf die Hand. Renz fuhr sich in die Nationalmannschaft.

Renz wurde Profi, am liebsten aber waren ihm immer noch die Sechstagerennen, die Enge des Bahnovals, auf den Rennmaschinen ohne Schaltung und ohne Bremsen. Viele Straßenspezialisten mochten das nicht, viele seiner Partner, und Renz hatte gute Partner. Die besten ihrer Zeit. Rudi Altig, Rik van Looy, Franco Bitossi. Und auch Felice Gimondi. Gimondi gewann als einer von nur fünf Profis alle drei großen Etappenrennen, die Tour de France, den Giro d'Italia, die spanische Vuelta. „Aber auf der Bahn, da hat er dann immer alle Heiligen gerufen", sagt Renz, „so viel Angst, wie der gehabt hat."

**Sigi Renz** (*1938) war Anfang der Sechziger Jahre einer der besten deutschen Radfahrer. Später eröffnete er in München ein Radsportgeschäft und wurde Sportlicher Leiter des Münchner Sechs-Tage-Rennens.

Wolfgang Schulze hatte keine Angst. Der Partner von Sigi Renz. 1972. Beim ersten Mal in der Olympiahalle. Die Olympischen Spiele waren keine zwei Monate vorbei, nun radelten sie hier erstmals ein Sechstagerennen. Nicht im oben offenen Radstadion mit seinem edel afrikanischen Doussie-Afzelia-Holz. Nein, in der Olympiahalle legten sie Nordische Fichte aus. Es ging rustikaler zu.

Renz gewann die Heim-Premiere mit Schulze genau wie 1974 mit dem Australier Graeme Gilmore, es war

*„Alle Heiligen gerufen": Sigi Renz, der langjährige Rennleiter der Münchner Sixdays.*

sein letzter von insgesamt 23 Sechstage-Siegen weltweit. 1980 wurde Renz Rennleiter, er hatte inzwischen auch ein Radsportgeschäft in der Nähe und er sah, wie das Sport-Ereignis immer mehr zu einem Society-Event wurde. Es kamen illustre Gestalten, es ging um Party, Disco, oben ohne, ach ja, stimmt, und Radler fuhren auch noch, aber das nur so nebenbei. Größen aus Wirtschaft und Politik waren da, aus Gesellschaft und Sport, vom Moshammer über Beckenbauer bis zum Strauß, Franz-Josef Strauß. „Der Strauß kam immer zum Geburtstag vom Didi Thurau am 9. November", sagt Renz, „das war immer eine nette Feier." Der Strauß war ein Sixdays-Edelfan, aber er war ja selbst ein sehr guter Radler. Als Mitglied der legendären Mannschaft vom Münchner RC Amor, die 1934 den Klassiker gewann. Die Hölle des Südens. „Quer durchs bayerische Hochland".

1988 starb Strauß, einen Monat später kam für Thurau das Ende bei den Sixdays, es war ein Riesenskandal. Es gab Streit um die Prämien und keine Einigung, der Veranstalter sprach von Erpressung und warf Thurau raus.

Aber das Publikum blieb, sehr lange, es wurde geraucht, getrunken, gegrillt, auch für die Fahrer ganz eigene Bedingungen, für Erik Zabel etwa. „München hatte immer was besonderes", sagt er, „ich werde nie vergessen, wie die da immer ganze Ochsen gegrillt haben, und du bist dann durch den Dampf durchgefahren. Sixdays in München, für mich war das immer Oktoberfest mit Radrennen." Und es waren wie auf der Wiesn imposante Zahlen, was hier alles konsumiert wurde, an sechs Tagen. Vier Ochsen, zwei Tonnen Spareribs, eineinhalb Tonnen Muscheln, 10.000 Brezn, 300 Kilo Tiroler Speck, 450 Hektoliter Bier.

Erik Zabel hat Bahnrennen sehr gemocht, er sagt auch, bei Straßenrennen sei man immer dreckig geworden, das Rad, die Beine, die Kleidung. „Bei den Sixdays in der Halle aber haben sie immer die letzte Alufelge auf Hochglanz poliert, man bekam ein neues weißes Lenkerband." Dann sagt Zabel: „Es war ein sauberer Sport."

Aber das war der Radsport in einem anderen Zusammenhang genau nicht mehr. Ab Ende der Neunziger Jahre folgte ein Dopingskandal dem nächsten, 2007 kam Zabels Beichte, dass er 1996 bei der Tour de France eine Woche EPO genommen habe. Renz hat das Geständnis bis heute nicht verstanden, er sagt: „Das ist das gleiche, wie wenn ich heut zur Polizei gehe und sag, dass ich vor zehn Jahren mit dem Auto besoffen von der Wiesn heimgefahren bin."

Die Doping-Skandale, für Renz auch ein Grund, warum es mit den Sixdays langsam zu Ende ging. Radeln interessierte nicht mehr so, vor allem nicht an sechs Tagen zu je sieben Stunden. 2009, im letzten Jahr, kamen nur 52.000 statt der erhofften 64.000 Zuschauer in die Halle, die Veranstaltung rechnete sich nicht mehr. Es war das letzte Sechstagerennen nach 37 Jahren in der Olympiahalle. Renz hatte für jenes Jahr eh schon sein Ende als Rennleiter angekündigt, danach dachte er noch kurz an eine verkürzte Variante, die Threedays, aber er sah bald ein, dass es wohl wenig Sinn machen würde.

Klaus Cyron, der Vermarkter der Sixdays, sagte nach dem Ende, das Angebot würde keinen mehr reizen. „Das gibt es alles auch in der Kultfabrik, und wenn Sie heute nach Augsburg, Garmisch oder Rosenheim gehen, finden Sie überall ein französisches Restaurant, eine Sushibar, eine Diskothek im Gewerbegebiet und einen Stripclub." Eines wird man dort aber nicht finden.

Radler im Ochsendampf.

# Annegret Richter

### *Die Frau mit der besten Kurve –*
### *manchmal auch mit Ecken und Kanten*

Anfang Juli 2012, wenige Wochen vor den Spielen in London, bekam Thomas Bach eine E-Mail. Sie stammte von deutschen Olympia-Teilnehmern, darin stand, dass es „Zeit für eine große Geste der Olympischen Bewegung" sei, Zeit dafür, der israelischen Attentatsopfern der Spiele von 1972 zu gedenken. „Wir schließen uns deshalb dem international geäußerten Wunsch nach einer Trauerminute bei den diesjährigen Olympischen Sommerspielen in London an und bitten Sie als Präsident des DOSB, Vize-Präsident des IOC und als olympischer Athlet, sich ebenfalls dafür einzusetzen." Unterschrieben hatten 30 deutsche Olympia-Teilnehmer.

Unterschrieben hatte auch Annegret Richter. Annegret Richter hatte Gold gewonnen 1972. Sie hatte den Tag des Überfalls im Olympischen Dorf miterlebt. Sie hat den Tag nie vergessen, den 5. September. Genau darum lag ihr dieser Brief am Herzen. In den 40 Jahren seit dem Attentat hat sich das IOC beharrlich geweigert, dem Wunsch der Hinterbliebenen nach einer Gedenkminute zu entsprechen, eine wie Annegret Richter hat das nicht abgeschreckt, sich jetzt dafür zu engagieren. Hat ihr auch noch nie etwas ausgemacht, anzuecken.

München damals ging erst einmal ohne sie los. Als die Nationen am 26. August bei der Eröffnungsfeier einmarschierten, war Annegret Richter gar nicht dabei. „Wir Sprinterinnen waren lange in Berlin im Trainingslager", erzählt sie, „die Leichtathleten kamen ja erst später dran, darum haben wir die Zeremonie am Fernseher verfolgt. Aber wir waren fasziniert, die Anspannung und die Vorfreude wurden immer größer, wir konnten es kaum noch erwarten, ins Olympische Dorf einzuziehen." Als Annegret Richter dann dort war, war es nicht so, wie sie es sich gedacht hatte. Es war noch viel schöner.

„Es waren meine ersten Spiele, alles war so neu, so faszinierend, die Wirklichkeit übertraf jegliche Vorstellung." Offen, sagt sie, sei es gewesen, froh und lustig. „Die Begegnungen mit Sportlern aus allen Ländern, die Stimmung in der Kantine, beim Kickern, beim Tischtennis, das war phänomenal."

Auch sportlich war sie selbst bester Laune, sie schaffte es über die 100 Meter bis in den Endlauf, wurde beim Sieg von Renate Stecher aus der DDR immerhin beste westdeutsche Läuferin, Platz 5 mit 14 Hundertstel hinter Bronze, beachtlich. Das war am 2. September, und weil es bis zum Staffelrennen am 10. September noch hin war, gönnte sich Annegret Richter zwischendurch auch einen freien Tag mit der Familie – am 5. September. Am Morgen, als sie das Dorf verließ, hatte sie noch Gerüchte gehört, dass irgendetwas passiert sei, ein Überfall, Geiseln, so etwas in der Richtung. Dann fuhr sie in die Stadt, sie traf ihre Eltern, ihren Bruder, der an diesem Tag Geburtstag hatte. Die Familie hatte sich während der Spiele in Bad Tölz einquartiert, nun kamen sie in München zusammen, bummelten durch die Stadt und gingen zum Essen. Die Stimmung aber ringsherum wurde von Stunde zu Stunde schlechter. „Allmählich wurde einem da klar, dass etwas Schreckliches passiert sein musste." Richtig schrecklich wurde es erst tief in der Nacht beim missglückten Befreiungsversuch in Fürstenfeldbruck, aber noch bevor die Terroristen mit ihren Geiseln ausgeflogen wurden, kehrte Annegret Richter zum Olympischen Dorf zurück.

„Es kam keiner mehr rein", sagt sie, „deswegen mussten wir draußen warten, und da wurde mir die Dimension allmählich klar." Am Tag danach war die Trauerfeier, und Richter sagt, dass München ab da im Ausnahmezustand gewesen sei. Nicht mehr in einem positiven wie vorher, eher in einem Schockzustand.

Auch die Nacht vor dem Staffel-Rennen am 10. September verlief chaotisch und voller Angst. Das Massaker war schon schlimm genug, nun kamen aber auch noch die Trittbrettfahrer, es gab Bombendrohungen, so machte das Gerücht eines möglichen erneuten Anschlags am Abend des 9. September die Runde im Olympischen Dorf. Fürchterlich bedrückend sei die Nacht gewesen, klagte Annegret Richter tags darauf und sagte: „Ich habe vorher bei offener Balkontür geschlafen. Aber seit dem Überfall haben wir alle Türen verrammelt und zugestellt. Ich bleibe dort keine Minute länger als nötig." Musste sie auch nicht, sie konnte bereits am gleichen Tag abreisen. Mit einer Goldmedaille.

*„Alles war so neu, so faszinierend": Annegret Richter erlebte in München ihre ersten Olympischen Spiele – und holte mit der Staffel Gold.*

Als dritte Läuferin war Annegret Richter unterwegs, sie war immer die dritte Läuferin, weil die Kurven ihre Spezialität waren, keine deutsche Frau hatte in den Siebziger Jahren so eine gute Kurvenlage wie sie. „Annegret Richter läuft außerordentlich stark", sagte der Reporter im Fernsehen bei der Übertragung, „sie läuft schnell, und innen die DDR." Innen auf Bahn 2, Bärbel Struppert. Auch sie lief schnell, aber Richter in der Mitte noch schneller, und weil Heide Rosendahl im finalen Duell Renate Stecher unnachahmlich enteilte, hatten sie Gold gewonnen, 42,81 Sekunden, Weltrekord.

Über Annegret Richter war tags darauf am allerwenigsten in der Zeitung zu lesen, es ging natürlich um Heide Rosendahl, aber auch um Startläuferin Christiane Krause und um Ingrid Mickler. Das war nämlich ein großes Thema vor den Spielen. Es hieß, die ursprünglich nur als Ersatzläuferin vorgesehene Krause habe Ansprüche angemeldet und wolle Mickler aus der Staffel drängen. Das sorgte für Unmut, und hätte es damals schon den – später in solchen Fällen häufig benutzten – Begriff „Zicken-Zoff" gegeben, er wäre sicher oft gefallen. Krause lief schließlich doch, weil die etatmäßige Startläuferin sich kurz vorher verletzt hatte, sie hieß Schittenhelm. Elfgard Schittenhelm. Und so ging es bei der medialen Würdigung des Golds eher darum, wie lieb sie sich nun wieder hatten, und wie sich Krause und Mickler nach dem Rennen umarmten.

Annegret Richter nahm das Gold mit aus München, aber vor allem das Ziel, in vier Jahren dann auch im Einzel anzugreifen. „München hat mir mit meinen 21 Jahren so viel gegeben", sagt sie, „das hat mich nur noch mehr motiviert für Montreal vier Jahre später." Vier Jahre, eine lange Zeit, aber Richter blieb unverletzt, dann durfte sie wieder in ein Olympisches Dorf einziehen, die Einzigartigkeit aber war verschwunden. „Von der Atmosphäre war es in München, wie es am Anfang war, weitaus intensiver", sagt sie, „vom sportlichen Stellenwert war Montreal höher einzuschätzen." Weil sie dort eben Einzel-Gold holte über die 100 Meter. 11,01 Sekunden lief sie im Halbfinale, Weltrekord und knapp vorbei am Ziel, die erste Frau mit einer Zehn vor dem Komma zu sein. Im Finale zwickte die Wade, aber es reichte trotzdem, um die ewige Widersacherin Renate Stecher zu bezwingen. In Elfnullacht.

Für Annegret Richter waren das dann auch die letzten Spiele. Gezwungenermaßen. Denn das Boykottieren Olympischer Spiele war in den Siebziger Jahren immer mehr zur Lieblingsdisziplin der Politik geworden. Schon 1972 hatten die schwarzafrikanischen Staaten mit den Muskeln gespielt und ein Fernbleiben angekündigt, sollte das wegen seiner Rassenpolitik verachtete Rhodesien teilnehmen dürfen. Am Ende beugte sich das IOC dem Druck und warf die Rhodesier raus.

1976 in Montreal hatte Annegret Richter es dann schon deutlicher

**Annegret Richter** (*1950) gewann mit der 4x100-Meter-Staffel der Bundesrepublik 1972 Olympia-Gold. 1976 in Montreal wurde sie Olympiasiegerin über 100 Meter. Nach der Karriere arbeitete sie als Repräsentantin für Adidas. Sie lebt in ihrer Heimatstadt Dortmund.

erlebt, da fehlten 15 afrikanische Nationen aus Protest, weil Neuseeland zuvor in Apartheid-Südafrika Rugby gespielt hatte, und dafür nicht bestraft wurde vom IOC. Und dann kam Moskau.

Für Richter wäre Moskau 1980 noch einmal ein Ziel gewesen, das eine war ja schon weg, denn 1977 war es Marlies Göhr, die 10,88 lief, die erste Frau unter elf Sekunden. „Damals wollte ich aufhören", sagt sie, „aber dann begann das Kribbeln wieder, und ich wollte unbedingt nach Moskau." Die Ost-West-Lage war angespannt, aber auch als die Sowjets Ende 1979 in Afghanistan einmarschierten, hoffte Richter noch: „Uns wurde immer gesagt, Politik und Sport solle man nicht vermischen, und wir sollten uns nichts denken, wir fahren da schon hin." Fuhren sie aber nicht, und Annegret Richter wird darum nie vergessen, wie sich Bundeskanzler Helmut Schmidt der Boykott-Empfehlung der USA anschloss, und wie das NOK wenig später der Empfehlung folgte. „Wenn es wenigstens dazu beigetragen hätte, dass es sich positiv auswirkt", sagt Annegret Richter, „aber weil wir wegblieben, sind die Sowjets ja auch nicht eher raus aus Afghanistan, dafür waren ja die ganzen Wirtschaftsbosse drüben, und in Afghanistan sind sie weiter gestorben." Mit solchen Aussagen hatte Richter auch damals schon angeeckt, Richter hatte jedenfalls genug, sie beendete die Sprint-Karriere, sie arbeitete erst noch als Verwaltungsangestellte in ihrer Heimatstadt Dortmund, später als Repräsentantin für eine Sportfirma in Herzogenaurach, und auch wenn München immer weiter weg rückte, „die Erinnerung an 1972", sagt sie „blieb weiterhin intensiv". Die positive wie die negative.

Im Mai 2012, zu den Deutschen Leichtathletik-Meisterschaften in Wattenscheid, organisierte sie zum Vierzigjährigen eine Art Klassentreffen, ein Wiedersehen mit allen deutschen Sportlern zusammen, egal ob sie damals das blaue Trikot trugen oder das weiße mit dem roten Brustring. Bärbel Struppert kam auch, die Gegnerin damals in der Kurve. Innen, die DDR. Struppert hat eine ganz andere Lebensgeschichte als Richter, aufgewachsen in einem anderen Land, einem anderen System. Aber beide verbindet 1972, der Gedanke an die lustigen Tage im Dorf und die traurigen.

Struppert unterschrieb ihn auch, den Brief an Bach.

# Lars Ricken

## 15 Sekunden zum Jahrhundert-Tor –
## in der Stadt der Steckerlfische

Wenn Lars Ricken zurückblickt auf seine lange Karriere bei Borussia Dortmund, auf die 15 Jahre im Profifußball, dann sagt er, es sei bei ihm so gewesen wie bei einer Glühbirne. Eine Glühbirne strahlt am Anfang ganz hell, dann wird sie schwächer, später flackert sie noch einmal auf wie zu Beginn. „Und irgendwann", sagt Ricken, „ist sie eben alle. So war's bei mir eben auch, als ich dann 32 war." Aber als er 20 war, da stand er noch richtig unter Strom.

Im Champions-League-Finale, da besiegte er mit der Borussia Juventus Turin, und da schoss er sich bei den schwarz-gelben Fans in die Unsterblichkeit, wenn nicht sogar darüber hinaus. Weil er nur 15 Sekunden nach seiner Einwechslung mit seinem Lupfer das entscheidende 3:1 erzielt hatte, der größte Triumph seiner Karriere, ein süßer Triumph, weil dieser Erfolg im Stadion des Erzrivalen zustande kam, und ein noch viel süßerer, weil sie den Sieg dann auch noch ausgerechnet in der Kabine des FC Bayern feiern durften.

Aber feiern in der Umkleide der Bayern, das war für Ricken da schon fast Routine.

Das Olympiastadion war für Lars Ricken schon immer ein besonderer Spielort. Das erste Mal wird er auch nicht mehr vergessen, April 1995 war das, ein Gastspiel in der Bundesliga bei den Bayern. Die Bayern spielten nicht gut in der Saison, am Ende waren sie gerade einmal Sechster, aber das Spiel gegen Dortmund damals zuhause, das gewannen sie. Zickler und Ziege hatten eine 2:0-Führung herausgeschossen, dann kam Lars Ricken von der Bank, Ricken kam in seinem Leben oft von der Bank, und wie oft traf er dann auch da. Acht Minuten vor Schluss erzielte er den Anschlusstreffer, der nichts mehr brachte, Dortmund verlor 1:2, das Tor brachte nur Ärger, wie Ricken noch weiß, denn bei Abpfiff gab es einen Anpfiff. „Dass ich dem Olli noch einen reingesetzt habe", sagt Ricken, „das hat ihm gar nicht gepasst. Er war etwas grantelig."

Mit dem Olli meint Ricken den Olli Kahn, und der Olli bestritt an jenem Samstag sein erstes Spiel nach fünf Monaten. Im November hatte er sich das Kreuzband gerissen, und als Kahn, der damals seine erste Saison bei den Bayern spielte, wieder ins Tor kam gegen Dortmund, da wollte er unbedingt ohne Gegentor bleiben. Das misslang, dank Ricken, und als er nach Spielende zu Ricken ging, sagte er zu ihm: „Danke, dass Du mir mein Comeback versaut hast." Ricken meint, dass es auch ein wenig scherzhaft süffisant klang, aber so richtig sicher konnte man sich zu jener Zeit bei Kahn nicht sein. Zumindest, und das war ja auch schon etwas, wurde Ricken von ihm nicht in den Hals gebissen oder mit einem Kung-Fu-Tritt attackiert wie später sein Mannschaftskollege Heiko Herrlich bei einem Spiel in Dortmund.

Die Niederlage gegen die Bayern änderte zumindest nichts daran, dass Dortmund knapp zwei Monate später Meister war, den Titel sicherten sie sich zuhause am letzten Spieltag mit einem 2:0 gegen den HSV. Daheim Meister zu werden, vor den eigenen Fans, ist immer am schönsten, wenn es aber nicht daheim sein soll, dann am liebsten bei den Bayern, und so war es dann auch 1996.

Vorletzter Spieltag, Dortmund musste nach München, sie spielten bei den Münchner Löwen, während die Bayern zum noch viel älteren Erzfeind der Borussen fuhren, nach Schalke. Schalke gewann 2:1, und weil die Borussen bei 1860 ein Unentschieden holten, war nach dem 2:2 die Meisterschaft entschieden. Vier Punkte vor dem letzten Spieltag, das war uneinholbar, selbst für die Bayern, und die Bayern holten an letzten Spieltag schließlich noch viele Rückstände auf.

Lars Ricken spielte in München nicht mit, er wurde nicht einmal eingewechselt, er stand erst auf von der Bank, als sie zu ihren Fans gingen. Die waren, weil die Sechzger-Anhängerschaft im Olympiastadion immer die Nordkurve bevölkerte, in der Südkurve, ausgerechnet, und für einen Bayern-Fan muss es eine Schmach gewesen sein, diese schwarz-gelben Eindringlinge jubeln zu sehen, die ungebetenen Gäste am eigenen Stammplatz. „Und dann feierten wir eben auch noch in der Kabine der Bayern", sagt Ricken, „das war das erste Mal." Und das zweite Mal eben im Jahr darauf im Mai.

Die Bundesliga 96/97 lief nicht so gut, Dritter wurde Dortmund, acht Punkte hinter den Bayern, sechs hinter Leverkusen, aber in der Champions League, da ging es umso besser, und das war mit ein großer Verdienst von Lars Ricken. Im Viertelfinale erzielte er im Rückspiel das einzige Tor beim 1:0-Sieg in Auxerre, das gleiche glückte ihm im Halbfinale in Manchester. „Dass ich mir Hoffnungen gemacht habe, im Endspiel von Anfang an zu spielen, war ja klar", sagt Ricken, und er sagt auch, wie er sich fühlte, als ihm Trainer Ottmar Hitzfeld am Tag vor dem Spiel sagte, er wäre nur Ersatzspieler: „Natürlich war ich verärgert." Aber das Sitzen auf der Bank hatte auch einen großen Vorteil, denn Ricken konnte das Spiel in aller Ruhe beobachten, er sah wie Kalle Riedle zwei Tore schoss und Dortmund 2:0 führte. Er sah aber noch etwas, beim Torwart von Juve. „Mir fiel schon die ganze Zeit auf, dass der Peruzzi immer kilometerweit vor seinem Tor stand", sagt Ricken. Neben ihm saß damals Heiko Herrlich auf der Bank, und zu dem sagte Ricken dann nach einer Stunde: „Wenn ich reinkomme, dann hau ich den ersten Ball blind aufs Tor."

Dann kam Juve heran, Del Piero verkürzte auf 1:2, Hitzfeld reagierte, brachte erst Herrlich, dann zog Ricken seine Trainingsjacke aus. Im Radio sagte der Kommentator: „Jetzt kommt Lars Ricken, der Mann für die entscheidenden Tore. Vielleicht macht er ja gleich das 3:1, ja, das wär ja was." Damals galt der Prophet im eigenen Rundfunk noch etwas, denn so kam es dann auch, nur 15 Sekunden nach Rickens Einwechslung.

Ricken bekam den Ball, er lief ein paar Meter, dann haute er ihn aufs Tor, aus 25 Metern. Peruzzi stand am Fünfer, und als der Ball hinter ihm im Winkel eingeschlagen hatte, stand er immer noch da, regungslos, fassungslos, entgeistert.

Lars Ricken (*1976) spielte von 1993 bis 2007 als Fußball-Profi für Borussia Dortmund, wurde dabei dreimal Deutscher Meister und erzielte in 301 Bundesliga-Spielen 49 Tore. Sein größter Erfolg war der Gewinn der Champions League 1997 im Olympiastadion. 2008 wurde er Nachwuchs-Koordinator seines Vereins.

„Von zehn solchen Schüssen", sagt Ricken, „gehen neun nicht rein. Aber an dem Abend hat es das Schicksal gut gemeint mit mir." Die Momente nach dem Tor, die weiß er dann nicht mehr ganz so genau. „Es muss ein rauschhafter Zustand gewesen sein", sagt er, „eine Erinnerung fehlt mir." Aber natürlich hat er es später im

*„Der Olli war etwas grantelig": Lars Ricken hatte im Olympiastadion viele besondere Momente, von einer Begegnung mit einem verärgerten Oliver Kahn bis zu einem Traumtor im Champions-League-Finale.*

Fernsehen gesehen, wie er über die Bande sprang, wie seine Arme etwas hilflos in der Luft schlackerten und sich einige Meter weiter vor der Trainerbank Hitzfeld und Toni Schumacher um den Hals fielen. Ja, Toni Schumacher, der war, und das hat man auch schon wieder vergessen, damals Torwarttrainer in Dortmund.

Später, als sie sich umgezogen hatten, wieder in der Bayern-Kabine, ging es erst aufs Bankett, die übliche offizielle Feier im Sheraton, so richtig Stimmung kam da im Ballsaal des Hotels aber nicht auf. Gut, es sang Roberto Blanco, aber die maue Laune lag vor allem an einer durchwachsenen bis chaotischen Organisation, und Ricken erzählt, dass sie dann um halb 3 abzogen, weiter ins P1 am Haus der Kunst. Roberto Blanco war da nicht dabei, dafür gute Freunde von Ricken, nämlich Rodrigo Gonzalez und Bela B. von einer berühmten deutschen Punkrockband. So mussten sie gar nicht feiern, bis der Arzt kommt, denn Die Ärzte waren ja schon da, an diesem heiteren und lustigen Abend.

Ganz so unbeschwert ging es für Lars Ricken in seiner Karriere nicht weiter, die BVB-Fans kürten seinen Treffer zwar zum Jahrhundert-Tor der Dortmunder Vereinshistorie, aber ein Jahrhundert-Spieler wurde aus ihm nicht. 16 Länderspiele bis 2002, das war es dann auch mit der Karriere im DFB-Trikot, und irgendwann begannen die Zeitungen zu schreiben, Ricken sei ein „ewiges Talent". Was die Zeitungen schrieben, hat Ricken für sich selbst meist überblättert, er konnte das alles ganz gut einordnen. „Es war auch schwer, 1997 war der Höhepunkt für den Verein und für mich, mehr konnte danach nicht mehr kommen", sagt er. „Ich selbst habe da für mich immer einen gesunden Mittelweg gefunden", sagt er. Die mediale Hochloberei genauso wenig ernst zu nehmen wie den hämischen Verriss wenige Jahre später.

Ricken fand seinen Weg, die Karriere vernünftig ausklingen zu lassen, er blieb weiter im Verein als Nachwuchskoordinator und versucht nun, den BVB-Junioren seine Erfahrung mitzugeben, für den Fußball und vor allem fürs Leben.

München aber ließ Lars Ricken auch nach der Karriere nicht mehr los. Im Sommer 2010 heiratete er am Starnberger See seine große Liebe, die Sportmoderatorin und Münchnerin Andrea Kaiser. Ob er, der Dortmunder, sich tatsächlich einmal vorstellen könnte, auch herzuziehen? Im Moment eher weniger, meint er, er habe ja einen Job bei Borussia, aber er sagt auch: „München ist eine unglaublich tolle Stadt, absolut lebenswert, vor allem mit dieser Biergarten-Mentalität. Kaum sieht man einen Sonnenstrahl, schon sitzen alle draußen." Solche Biergärten hat es in Dortmund eben nicht, genauso wenig wie die Spezialität eines solchen Biergartens. „Einen Steckerlfisch", sagt Ricken. „Ich komme an keinem Biergarten vorbei, ohne einen Steckerlfisch zu essen."

Aber ein Steckerlfisch jeden Tag, wenn er wirklich hier in München leben würde, das wäre auch nichts. Lieber die wenigen Male dann bewusst genießen. Sporadisch als Gast hierherzukommen zu einem Auswärtsspiel, das kann ja auch sehr erfreulich sein. Wie einst im Olympiastadion.

# Bruno Risi

*Einzelbett und Mikrowelle:*
*Das Doppelzimmer in den Katakomben*

Nackt fuhr Bruno Risi hier auch einmal. Nicht auf der Bahn und nicht auf dem Fahrrad. Auf einem Moped war das, unten in den Katakomben der Olympiahalle. Spät in der Nacht, es ging um eine verlorene Wette, und als er seine Runde gedreht hatte, da stieg er ab, zog sich an und legte sich in seiner Kabine nebenan wieder ins Bett. „Die Olympiahalle", sagt Risi, „ist für mich fast schon eine Heimat gewesen." Ein Zuhause war sie auf jeden Fall. Jedes Jahr, sechs Tage im November. Bei den Münchner Sixdays.

Bruno Risi war ein junger Fahrer, als er zum ersten Mal hierher- kam, 1992 war das, mit 24. Risi war im Jahr zuvor Weltmeister im Punktefahren geworden, und es war eine Zeit, in der Bahnradsport die Leute noch begeisterte, vor allem die Sechstagerennen. „Ich bin am Anfang aus dem Staunen nicht mehr herausgekommen", sagt Risi, „die Olympiahalle war für mich eine der allerschönsten Sport- hallen, die ich jemals sehen sollte. Ich war überwältigt." Es war immer eine eigene Welt, in die Risi eintauchte, ein Mikrokosmos, den er nicht mehr verließ, eine knappe Woche lang. Mit seinem Partner Kurt Betschart hatte er schon 1992 eine kleine Kabine, einen Verschlag, unten in der Halle, darin gab es zwei knappe Ein- zelbetten, mehr brauchte es nicht. Er sagt, es war schon sehr klein für zwei Leute. Daneben gab es eine Küche, eine Mikrowelle, man traf sich mit anderen Fahrern, meistens mit Urs Freuler, dem Lands- mann. Der hatte am 6. November Geburtstag, oft war das während der Münchner Sixdays. „Es gab Jahre", sagt Risi, „da sind wir Mittwoch morgens in die Halle eingezogen und blieben dort bis Dienstagabend nach dem Finale. In der Zwischenzeit haben wir keinen Fuß an die frische Luft gesetzt." Aber wozu braucht es auch Frischluft? Frischluft passte nie zu den Münchner Sixdays. Zu den Sechstagerennen passten die Rauchschwaden der fetten Zigarren aus den VIP-Logen, und die Dünste vom Ochsengrill.

Zu den Sechstagerennen passte vor allem Bruno Risi.

In 17 Jahren wurde er zum Publikumsliebling wie keiner sonst. Gleich 1993 beim zweiten Mal gewann er mit Kumpel Betschart, mit dem feierte er hier sechs Siege, letztmals 2003. Den siebten Erfolg holte er sich mit Erik Zabel, 2006, das war ein halbes Jahr, bevor Zabel sein EPO-Geständnis ablegte. „Es hatte mich eher enttäuscht als schockiert", sagt Risi in der Rückschau, „aber er hatte immerhin den Mut, sich hinzustellen und es zuzugeben. Er hat Charakter bewiesen und sich nicht gewunden wie ein glitschiger Aal. Und das rechneten ihm, Zabel, auch die Münchner Zuschauer hoch an. Gerade der damalige Olympiapark-Chef Wilfrid Spronk hatte sich sehr um Zabels Kommen bemüht, und Zabel erinnert sich an ein Treffen der beiden zusammen mit Rennleiter Sigi Renz, als Spronk meinte: ‚Junge, pass auf, wir stehen hinter Dir. In guten Zeiten warst du für uns da, jetzt sind wir für dich da.‘ Das hat mir sehr gut getan."

Zabel fuhr dann mit Leif Lampater, Bruno Risi holte sich den achten München-Sieg mit Franco Marvulli. Aber die Sixdays hatten sich verändert, nicht nur weil Risi inzwischen dann doch im Hotel wohnte. Die Zuschauer blieben aus, die Sponsoren brachen weg, es waren schwierige Zeiten, und einen ganz schweren, ganz fürchterlichen Moment erlebte Risi hier dann 2008. Da erfuhr er vor dem letzten Rennabend, dass der vierjährige Sohn seiner Schwester gestorben war. „Da konnte ich nicht bleiben", sagt er, „da musste ich natürlich sofort nach Hause." Im folgenden Jahr kam er dann wieder, es war die letzte Auflage des Sechstagerennens in München, Risi gewann standesgemäß, zum neunten Mal, wieder mit Marvulli, die Zuschauer, die noch gekommen waren, feierten ihn wie eh und je.

Risi war da bereits 41, sagte, er könne ja nicht bis 67 weiterradeln und beendete seine Karriere. Er war bereits vorgesehen als Nachfolger des scheidenden Rennleiters Renz, doch dazu kam es nicht mehr, stattdessen kam das Ende der Veranstaltung. Die Münchner Sixdays waren Geschichte.

**Bruno Risi** (*1968) ist ein ehemaliger Schweizer Rad-Profi. Der Bahn-Spezialist war fünfmaliger Weltmeister im Punktefahren. 2003 und 2007 gewann er mit seinem Partner Franco Marvulli den WM-Titel im Zweiermannschaftsfahren. Risi siegte bei 61 Sechs-Tage-Rennen, neunmal gewann er in München.

*„Keinen Fuß an die frische Luft gesetzt": Bruno Risi, Publikumsliebling und Dauergast bei den Münchner Sixdays.*

Risi denkt, dass es nicht wirklich an den Doping-Enthüllungen lag, dass die Zuschauer ausblieben. „Es war eine andere Ära", sagt er, „wir haben Stunden philosophiert, welchen Gegenstrom man einschlagen könnte. München hat in den letzten Jahren auch noch viel gemacht, das Konzept umstrukturiert, aber die Leute kamen nicht mehr, und das war sehr traurig. Weil dieser Ort sensationelle Voraussetzungen bieten würde." Er sagt, als es dann vorbei war, hat mehr als ein Auge geweint, es waren fast zwei. München habe ihn auch als Stadt fasziniert, wenn er denn mal etwas davon gesehen hat: „Die Mentalität des Münchners ist uns Schweizern sehr viel näher als die Art der Norddeutschen. Da verbinden uns die Alpen." Mitten in den Alpen lebt Risi, der nun PR-Arbeit für eine Skifirma macht, weiterhin. In Bürglen, Kanton Uri, Zentralschweiz.

Dort gab es im November 2011 große Aufregung um sein Haus, das er 2005 mit seiner Familie bezogen hatte. Eine Umgehungsstraße sollte genau hier durch gebaut werden, das Anwesen sollte weg, es drohte der Abriss. Jetzt fanden sie doch eine andere Trasse, die Risis dürfen bleiben, Bruno und seine Frau Sandra, die Kinder Corsin, Shellyan und Gian Nico. Hätten sie wirklich raus müssen, nach München wären sie sicher nicht gezogen. Wäre eher eng geworden, zu fünft in der Kabine in der Olympiahalle.

# Hannes Schell

*Therapeut für Höhenangst:*
*In knapp zwei Stunden zum Mount Everest*

Die schönsten Momente, sagt Hannes Schell, erlebt er am Morgen. Ganz in der Früh, wenn die Kasse unten noch gar nicht offen hat. Wenn noch kein Mensch da ist, wenn er alleine ist, oben auf seinem Turm. Wenn er nach Südosten schaut und hinter dem Chiemgau und den Bergen die Sonne aufgeht. Wenn er dann seine Kamera nimmt und die Stimmung fotografiert, bevor es an die Arbeit geht. Runter und wieder rauf, als Aufzugfahrer des Olympiaturms. Eine beglückende Arbeit. Und das Allerhöchste: Beruflich geht es in München nicht mehr weiter nach oben.

Der Olympiaturm hat Hannes Schell schon als Bub beeindruckt. Von daheim in Wolfratshausen büxte er einmal aus, zusammen mit einem Freund. Er war etwa zehn, sie fuhren mit der S-Bahn nach München, es war noch die S10, also ist das schon sehr lange her. „Wir sind zum Olympiapark, und irgendwie hat uns der Turm magisch angezogen." Die beiden kratzten Mark und Pfennig zusammen, kauften sich eine Karte und fuhren mit dem Aufzug hoch, mit einem Aufzugfahrer, der damals noch eine Dienstmütze hatte und eine Respektsperson war. „Was macht's Ihr da?", fragte der Mann, und der Hannes und sein Freund erwiderten, dass sie Teil einer Gruppe wären, die draußen warten würde, dann fuhren sie hoch, genossen den Ausblick, fuhren wieder runter und mit der S10 nach Hause. Da war die Gaudi vorbei. Da gab es erst mal richtig Ärger. „Und jetzt bin ich wieder da", sagt Schell, „so hat sich der Kreis geschlossen."

Schell, ein gelernter Metzger, arbeitete erst bei einer Sicherheitsfirma. Aber dann suchten sie hier einen neuen Liftfahrer. Und Schell war drin. Im Aufzug.

Im Aufzug macht er viele Meter. Eine halbe Minute dauert die Fahrt hoch zur Besucherplattform in 185 Metern Höhe. An guten Tagen, bei vol-

**Hannes Schell** (*1964) ist Aufzugfahrer im Münchner Olympiaturm.

*Beruflich ist er jetzt ganz oben: Aufzugfahrer Hannes Schell auf der Aussichtsplattform seines Olympiaturms.*

ler Auslastung, und halbwegs zügigem Ein- und Aussteigen kommt Schell in der Stunde auf 50 Fahrten. 25 hinauf, 25 hinunter. 4,625 Kilometer pro Stunde, einfache Richtung, anders gesagt: In knapp zwei Stunden auf den Mount Everest und retour. Bei so vielen Fahrten hört Schell natürlich auch immer die gleichen Sprüche, gerade wenn es nach unten geht. Immer die gleichen Witzbolde, die sagen, dass es jetzt wird wie auf der Wiesn im Fahrgeschäft, im „Free Fall". Und dann sagt Schell sein Standardsprücherl, dass das nicht stimmt, weil es beim freien Fall ja mit einer Beschleunigung von 9,81 m/s² abwärts geht und hier nur mit einem Tempo von sieben Metern in der Sekunde.

Aber sieben Meter pro Sekunde sind ja auch was.

Schell hat Fahrgäste von überall her, viele kennen sich nicht aus, und wenn er oben ist, dann ist er nicht nur Aufzugfahrer sondern auch Fremdenführer und erklärt den Gästen nicht die ganze Welt, aber ein wenig München. Hin und wieder wollen auch einige etwas zu den technischen Gegebenheiten wissen, auch die kennt Schell natürlich.

Baubeginn 1965, genau 291,28 Meter hoch, 52.500 Tonnen schwer. Und ein Treppenhaus mit vielen Stufen, 1230. Im Jahr 2011 gab es wieder einmal den Olympiaturmlauf. Matthias Jahn, der Sieger, stürmte in 5:18 Minuten nach oben. Das war respektabel. Zum Mount Everest braucht er trotzdem länger als Hannes Schell.

Es gibt aber auch manchmal Gäste, die machen eine Aufzugfahrt mit Hannes Schell nicht zum reinen Vergnügen, zum Besuch einer der größten Touristenattraktionen der Stadt. Nein, sie machen das als Therapie. Zur Überwindung ihrer Höhenangst.

Einen davon hatte Hannes Schell vor einiger Zeit, das war im Sommer 2011, er kam immer und immer wieder, er war schon Stammgast, ein Mann aus Fürstenfeldbruck mit panischer Akrophobie. „Sein Arzt hatte ihm das empfohlen, hier den Turm so oft rauf und runter zu fahren und von oben herunterzuschauen, bis es besser wird." Es half, vor allem half dem Fahrgast der Erfahrungsaustausch mit Hannes Schell. Denn auch er litt unter Höhenangst. Seit er einmal beim Bungeespringen war. War zwar nichts passiert, aber er hatte es nicht mehr los bekommen. Anfangs, sagt er, sei es hier darum auch ein sonderbares Gefühl gewesen. „Auf einem Blechboden zu stehen, und darunter geht's 200 Meter die Röhre runter." Doch die Angst, Hannes Schell konnte sie mit der Zeit fallen lassen. Tief hinunter in den Schacht.

Hannes Schnell ist hinein gewachsen in den Olympiapark und verwurzelt wie das acht Meter tiefe Fundament des Turms. Hier hat er seine schönsten Konzerte gesehen, laute Konzerte, harte Konzerte, Status Quo, AC/DC, Metallica, hier genießt er die leisen Momente, die stillen. Oben am Turm eben, in der Dämmerung, oder vorher noch unten am See. Wenn die ersten Frühjogger des Wegs kommen, die ersten Gassigeher. „Mit der Zeit kennst du die Leute", sagt Schell, „da grüßt du dich, das ist fast schon familiär." Nirgendwo sonst in der Stadt gäbe es so eine schöne Stimmung in der Früh, sagt Schell, auch im Spätsommer oder Herbst. „Wenn im Herbst sich der Nebel lichtet und der Park erwacht, bevor der Trubel einsetzt, das ist himmlisch." Schön sind auch die lauen Sommerabende, am Ende der Spätschicht, und er die letzten Gäste aus dem Drehrestaurant unter der Aussichtsplattform nach unten gebracht hat. Auch dann streift er manchmal noch durch den Park, bevor er nach Hause fährt, Richtung Geretsried.

Zuhause wohnt Hannes Schell übrigens im zweiten Stock. Ohne Aufzug.

# Rudolf Schenker

*Party mit den Scorpions
und ein Hauch von Michael Jackson*

Ganz am Anfang, und das ist auch schon wieder Ewigkeiten her, Mitte der Siebziger Jahre, da stand Rudolf Schenker an der Olympiahalle. Neben ihm war Klaus Meine, die beiden hatten mit ihrer Band gerade ein Konzert gegeben, unten am Olympiasee, am Theatron-Festival. Nun drückten sie ihre Nasen an die große Glasfront und schauten ins Innere. Viel sahen sie nicht, die Tribünen und unten die Arena waren nicht einsehbar, aber Schenker weiß noch heute, wie schwer beeindruckt sie trotzdem waren. „Wir stellten uns vor, wie das wäre, da mal zu spielen", sagt er, „wir dachten uns, dann haben wir es wohl geschafft." Schon der Vater von Rudolf Schenker hatte seinem Sohn ja auf den Weg mitgegeben: „Nichts ist unmöglich, so lange man daran glaubt." Und weil sie immer daran glaubten, spielten sie später dann tatsächlich in der Halle, und einmal sogar im Olympiastadion. Vor mehr als 60.000 Menschen. Im Theatron, auf den Stufen des Amphitheaters, waren damals nur einige Dutzend. Beim ersten Auftritt der Scorpions im Olympiapark.

Schenker, der Niedersachse, wusste lange nicht, ob er lieber Musiker werden wollte oder Fußballer. Fußball spielte er sehr gut, er war sehr schnell, „'ne ganz große Nummer auf 100 Meter", sagt er. Aber dann machte er eine Ausbildung zum Starkstrom-Elektriker, und als eine umgefallene Anhängerdeichsel seinen Mittelfuß brach, war es vorbei mit dem Traum von der Profikarriere bei Hannover 96. Also packte er endgültig die Fußballschuhe ein und die Gitarre aus. Die E-Gitarre, mit Starkstrom, mindestens. Gelernt ist gelernt.

Der Weg der Skorpione war anfangs noch steinig, wie üblich bei jungen, neuen Bands. Man spielte auf kleinen Bühnen wie eben am Theatron, harten Rock, heftig, laut.

> Die **Scorpions** um Rudolf Schenker und Klaus Meine (beide *1948) waren mit die erfolgreichste deutsche Hard-Rock-Band. Im Rahmen ihrer Abschiedstournee 2012 wählten sie die Münchner Olympiahalle für eines ihrer allerletzten Konzerte aus.

Es machte Spaß, vor allem den Musikern selbst. „Begeistert waren wir von München damals schon", sagt Schenker, „mich hat das Olympiagelände unheimlich fasziniert, diese utopische Architektur, die Dachbespannung, völliger Wahnsinn." Und natürlich faszinierte München als Zentrum der Musikszene. Ihre Platte „Flying to the Rainbow" nahmen sie hier auf, bei Giorgio Moroder in den berühmten „Musicland"-Studios. Immer wieder kamen sie hierher. „Wir trafen die Rolling Stones", sagt Schenker, „und an manchen Abenden hingen wir mit Freddie Mercury und den Jungs von Queen im alten Sugar Shack ab." Bald waren sie selbst Weltstars, es folgten umjubelte Auftritte in Japan, England, den USA, dann wieder in der Heimat.

Und dann hatten sie es endgültig geschafft. Sie durften in die Olympiahalle. Immer und immer wieder. Bei ihrer großen Deutschland-Tournee 1984, dem Jahr ihres großen Hits „Still Loving You", spielten sie in München, und wenig später traten sie dreimal im ausverkauften Madison Square Garden von New York auf. Als Vorband damals im Programm ein junger Künstler, der nur Insidern etwas sagte, ein Musiker von der anderen Seite des Hudson River, aus New Jersey: Ein gewisser Jon Bon Jovi samt Band. Und mit dem erlebte Schenker später auch noch einmal einen ganz lustigen Abend, 1988 in München.

Es war Weihnachtszeit, und in der Olympiahalle wünschten sich die Rockfans „Heavy Christmas". An zwei aufeinanderfolgenden Tagen war von Besinnlichkeit wenig zu hören. Am 17. Dezember kam Bon Jovi, inzwischen schon mit den ersten Chart-Hits im Programm, am Tag darauf spielten die Scorpions. Die waren eh schon in der Stadt, und weil Rudolf Schenker Spaß daran hatte, schrubbte er als Gastmusiker die Gitarrensaiten für den Freund aus Amerika. Die Sause danach, mit den anderen Scorpions und Bon Jovi, sagt Schenker, würde er nie vergessen, es war eine Riesenparty, ein Gelage ohne Ende. „Bis 9 Uhr am Morgen ging das", sagt Schenker, „dann sind wir todmüde ins Hotelbett gefallen."

Irgendwann wachten sie wieder auf, viele Stunden später. Da klopfte der Tour-Manager an der Tür. Wo sie denn blieben, wollte er wissen, unten stünde doch schon der Bus zur Abfahrt zur Olympiahalle. „So schnell waren wir noch nie auf den Beinen und aus dem Zimmer raus", sagt Schenker, „auch wenn es ein schwerer

Abend war. Irgendwie haben wir uns durch das Konzert geschleppt, aber die Fans haben uns trotzdem gefeiert." Wie so oft hier. Denn in München spielten sie schon immer besonders gern, selten habe er so ein gutes Publikum gehabt, Schenker spricht von einem „richtig geilen Publikum".

*„München ist die Hauptstadt des Rock'n'Roll": Rudolf Schenker (links) und Klaus Meine von den Scorpions bei einem Auftritt in der Olympiahalle.*

„In München", sagt Schenker „gehen die Leute richtig ab. Hamburg, viel kühler, mehr Understatement. Aber München, das ist für mich in Deutschland die Hauptstadt des Rock'n'Roll." Und in diese Hauptstadt des Rock lud der King of Pop, zu einem Benefizkonzert „Michael Jackson and friends".

1999 im Olympiastadion. Viele Künstler spielten, die Barenaked Ladies, Luther Vandross, Hauptact waren aber neben Jacko die Scorpions, und als sie sich hinter der Bühne dann das erste Mal begegneten, da war Schenker schon eher entgeistert. „Ein ganz schüchterner Mann, viel hat er nicht gesagt, nur etwas gehaucht: ‚Hi, how are you?' Das war alles." Mit Freddie Mercury war's schon unterhaltsamer, im Sugar Shack. Oder mit Bon Jovi, bis neun in der Früh.

Anfang 2010 setzten die Scorpions einen Stachel ins Herz ihrer Fans, als sie ihr nahes Ende bekannt gaben, es folgte eine Abschiedstournee, Asien und das ganze Amerika, im Norden, im Süden und in der Mitte, aber eines der allerletzten Konzerte im Oktober 2012, das wollten sie noch einmal in München spielen. Und vielleicht ist dann ja doch nicht alles vorbei. „Ich kann mir nicht vorstellen, mich in die Südsee zu legen und langsam zu verwesen", sagt Schenker, „kann schon sein, dass es noch vereinzelt Konzerte gibt." Gerne auch hier, er sagt, es gäbe so oder so zwei gute Gründe, nach München wiederzukehren: „Erstens das Bier. Zweitens die Biergärten." Ganz der alte Rock'n'Roller. Irgendwann schieben sie dann vielleicht ihren Rock'n'Rollator vor sich durch die Stadt und werden München so gern haben wie eh und je. Still loving you.

# Ingo Schultz

## Spätstarter mit Turnschuhen:
## Hochgenuss an einem Donnerstag

Ging ja noch, besser, es lief noch, über die 400 Meter, auf der Jahn-Kampfbahn in Hamburg. Anfang Juli 2012, da gewann Ingo Schultz souverän, wegen einer Wette. Ein Freund von ihm, ein Hotelmanager, hatte gemeint, Schultz würde es nicht mehr schaffen, die Stadionrunde in 52,5 Sekunden zu laufen, geschweige denn schneller. Schultz nahm die Wette an, und danach musste ihm sein Kumpel ein Wellness-Wochenende spendieren, weil der Ingo doch tatsächlich nur 51,1 Sekunden benötigt hatte. „Hat richtig Spaß gemacht", sagte Schultz anschließend in einem ersten Fazit zufrieden, „ich habe das richtige Tempo gefunden." Auch wenn das Tempo freilich nicht mehr ganz so hoch war wie fast genau zehn Jahre zuvor.

Da lief er noch sechs Sekunden schneller. Beim EM-Triumph im Münchner Olympiastadion im August 2002. „Ein Moment", sagt Schultz in der Rückschau, „den habe ich mehr genossen als alles andere in meiner Karriere." Diesen Traumlauf, am Höhepunkt einer fantastischen Märchenkarriere, einer kurzen Karriere, weil München auch schon der letzte Höhepunkt war.

Ingo Schultz passte so gar nicht in das Schema des Spitzensportlers. Mit 1,1 machte er das Abitur, er spielte Geige, am liebsten Mozarts Violinkonzert Nummer 3. Mit 22 bestritt er aus reinem Vergnügen den Hamburg-Marathon, für einen Freizeitsportler kam er auf beachtliche 3:37 Stunden. Dann machte er ein Schnuppertraining bei der TSG Bergedorf, Abteilung Leichtathletik. Als er das erste Mal die 400 Meter lief, hatte er Turnschuhe an, seine Gegner, alles erfahrene Läufer, trugen Spikes. Ingo Schultz gewann um Längen. Trainer Jürgen Krempin förderte ihn, dann ging es sehr schnell, norddeutscher Vizemeister, deutscher Hallenmeister, fast wäre er 2000 sogar nach Sydney geflogen zu Olympia, davor stoppte ihn ein Leistenbruch. Es kam die WM in Edmonton 2001,

*Die Jubelpose übte er im Olympiastadion bereits Monate vorher: Ingo Schultz bei der Siegerehrung nach seinem EM-Gold über die 400 Meter im Jahre 2002.*

Schultz, das war unfassbar, holte Silber, und Weltmeister Avard Moncur von den Bahamas sagte nur erstaunt: „Schultz? Den kannte ich ja noch gar nicht."

2002 kannte ihn jeder, als er zur Leichtathletik-EM nach München fuhr. Schultz kam selbstbewusst dorthin. Schon Monate vorher war er im Olympiastadion, das Stadion war leer, er lief nur die Zielgerade, 80, 90 Meter, er übte einfach nur den Einlauf und die Jubelpose. Das mit der Zurückhaltung überließ er anderen. Für Schultz konnte der Erwartungsdruck nicht groß genug sein, er sagte noch vor der EM, wie sehr er es genieße, wenn die Leute ihn beim Laufen sehen, und dass er natürlich ein Narzisst sei. Erst einmal aber sah er die anderen, im Olympischen Dorf.

„Für mich war allein das schon sehr beeindruckend", sagt Schultz, „in den Zimmern zu leben, wo 30 Jahre zuvor die Olympia-Athleten wohnten. Die Atmosphäre war auch wunderbar, aber gut in Erinnerung blieben mir auch die Sicherheitsvorkehrungen.

Scharfschützen auf dem Dach, Schleusen mit Metalldetektoren an jedem Kontrollpunkt, das war schon heftig. Natürlich hat es jeder verstehen können." Drei Jahrzehnte nach dem 5. September. Als wieder israelische Sportler in München starteten.

Wie in vielen Sportarten zählte die israelische Mannschaft trotz der geographischen Lage in Asien auch in der Leichtathletik schon da zum europäischen Verband – um Begegnungen mit den arabischen Nachbarn bei Kontinentalspielen zu vermeiden. Die Sicherheit hatte oberste Priorität bei dieser Veranstaltung, und Schultz weiß noch, dass sein Zimmer damals auf der Etage über den israelischen Sportlern lag. „Wenn ich hoch gefahren bin mit dem Lift, dann fuhr der Aufzug beim Stockwerk der Israelis immer durch und hielt nicht an." Hinein kamen die Israelis nur über einen abgetrennten Sondereingang, abgeriegelt und schwer bewacht.

Und dann begann die EM, 6. August, Dienstagabend, sie begann in strömendem Regen. Paula Radcliffe wackelte vom ersten Meter an mit ihrer unnachahmlichen Leidensmiene zu Gold über 10.000 Meter, Ralf Bartels holte Bronze mit der Kugel. „Allein schon dieser Abend", sagt Schultz, der bereits am Morgen seinen ersten Vorlauf gewonnen hatte, „war von der Stimmung einzigartig, so etwas hatte ich bis dahin nicht erlebt." Aber es sollte noch besser werden. Am Mittwoch stürmte er im Halbfinale in den Endlauf, es folgte der goldene Donnerstag. Er musste golden werden, es ging nicht anders. Schultz erzählt, wie er durchs Marathontor kam, wie die Jubelwellen von den Rängen überschwappten. 50.000 waren im Stadion. Dann lief er. Er lief vorneweg, er blieb vorne bis zum Ziel, am Ende lag er eine Zehntelsekunde vor dem Spanier David Canal. „Das Publikum hat mich damals ins Ziel getragen", sagt Schultz.

Ingo Schultz (*1975) gewann bei der Leichtathletik-WM in Edmonton 2001 über die 400 Meter die Silbermedaille. 2002 wurde er in München Europameister. Nach mehreren Verletzungen beendete er 2008 die Karriere, er arbeitet als Diplom-Ingenieur bei einem Energieerzeugungsunternehmen in Essen.

„Sportlich hatte das WM-Silber vielleicht noch einen höheren Stellenwert. Aber emotional habe ich es hier mehr genossen." Ja, es war der Abend der Emotionen, auch wenn er dann anders endete, als sich seine Freundin das vorgestellt hatte. Antje Buschschulte, die Schwimmerin, die selbst Europameisterin geworden war, eine Woche zuvor, mit der Staffel.

Schultz und Buschschulte hatten sich das Jahr zuvor kennengelernt, als ihr Ingo im Ziel war, lief sie auf die Tartanbahn und umarmte ihn, es war schon die Rede vom goldigen Traumpaar des deutschen Sports. Ein letzter Kuss, dann war Schluss. Fünf Stunden später.

Fünf Stunden später, nach der Feier im Deutschen Haus, dem alten Radstadion, saß Schultz mit Buschschulte auf einer Bank im Olympiapark und beendete die Beziehung. Als medial die erste Euphorie verhallt war, war in den Zeitungen mehr über das Liebes-Aus als über den Gold-Lauf zu lesen. Moralische Aburteilungen. Über ihn als schoflen Halunken. Über Mama Buschschulte, die sagte, dass der Ingo schon fast wie ein Schwiegersohn für sie gewesen sei. Über Gerüchte, dass er schon eine Neue habe. „Diese Geschichte", sagt Schultz, „ist leider untrennbar mit der EM verbunden. Leider kann ich es nicht mehr rückgängig machen." Schultz spricht davon, dass die mentale Anspannung abgefallen sei, vielleicht kam es darum zum Ende. Dann jedenfalls, in den folgenden Jahren, fiel die Leistung ab.

Verletzungen kamen, das Pfeiffersche Drüsenfieber, er konnte teilweise mehr als ein Jahr nicht trainieren. Es ging völlig runter, bei der Deutschen Meisterschaft im Juli 2008 verpasste er als Elfter auch noch klar den Endlauf. „Da war dann völlig der Wurm drin." Das Ende der Olympia-Träume von Peking, für Schultz war es auch das Ende der Karriere.

Inzwischen lebt Schultz mit seiner Frau Heidi in Bergisch-Gladbach, 2004 hat er sie geheiratet. Schultz, der Ingenieur, der an der Bundeswehr-Hochschule sein Diplom mit 1,3 ablegte, arbeitet nun für einen Energiekonzern. Er sagt, bei seiner Aufgabe gehe es um die Optimierung des Stromerzeugungsprozesses, er versucht die Details zu erklären, aber es klingt sehr kompliziert, und er selbst sagt auch: „Bis man so etwas beherrscht, dauert es Jahre."

Das Laufen zu beherrschen, das ging dann doch schneller. Bis er die Zuschauer elektrisierte.

# Katsche Schwarzenbeck

*Weit weg von Hacklsteckern:*
*Ein Luxustempel für Gladiatoren*

Er war schon ganz früh da. Lange vor dem ersten Spiel, als das Olympiastadion noch eine einzige Baustelle war, da stand Katsche Schwarzenbeck mit seiner Frau Hannelore einmal zwischen den Gruben und Kränen und Baggern. „Damals", sagt Schwarzenbeck jetzt in der Rückschau, „da hab ich mich schon richtig drauf g'freut, und ich hab' mir gedacht: Des wird richtig imposant." Wurde es auch, ab 1972, als er mit dem FC Bayern hier spielen durfte. Als er vor Anpfiff nicht mehr zur Apotheke rennen musste.

Katsche Schwarzenbeck, einer der allermünchnerischsten Bayern-Spieler der Geschichte, er war nicht nur einer der besten Abwehrspieler, den die Bayern je hatten, auch einer der liebenswertesten und bescheidensten Menschen.

Franz Beckenbauer sagte einmal, ohne den Katsche hätte er nie seine Eleganz auf dem Platz entfalten können, weil wenn der Katsche da war, dann war auch kein Gegner in der Nähe. Weil der Katsche die Gegner schon alle aus dem Weg geräumt hatte. Manche nannten ihn den Staubsauger des Kaisers. Ein kantiger Verteidiger, groß, kräftig, gefürchtet bei den Stürmern aus aller Welt. Bei einem Europapokal-Spiel gegen Amsterdam staunte der holländische Reporter, und als Schwarzenbeck gerade wieder einen Ajax-Spieler unschädlich gemacht hatte, stammelte der Kommentator ins Mikro: „Half mens, half stier". Katsche, der Minotaurus aus Harlaching.

In Harlaching wuchs der Katsche auf, die Mutter starb früh, der Vater war Vollzugsbeamter in Stadelheim, er passte auf die Gefangenen auf, seine Aufgabe war im Prinzip die gleiche wie die vom Katsche später als Vorstopper am Fußballplatz: Dicht machen und keinen durchlassen.

Wie er überhaupt zu dem Namen kam, das weiß Hans-Georg Schwarzenbeck bis heute nicht, aber einer von seinen Spezln nannte ihn so, und darum war er in der Rotbuchenschule der Katsche

*Wehe, wenn Schwarzenbeck kommt: Manchmal wagte sich der Bayern-Vorstopper so wie hier gegen den VfL Bochum auch in die Offensive.*

genauso wie bei den Sportfreunden, seinem ersten Verein, und ab 1962 dann auch bei den Bayern, an der Säbener, nur ein paar Straßen weiter von daheim.

1966, Bayern war im Jahr davor in die Bundesliga aufgestiegen, bekam er den ersten Profivertrag, mit 18. Es war das Jahr der Olympia-Vergabe, und es gab schon den Plan, dass die Bayern künftig irgendwann einmal draußen im neuen Olympiastadion am Oberwiesenfeld spielen würden. Aber das war noch lange hin. „Bis dahin", sagt Schwarzenbeck, „haben wir halt noch im Grünwalder spielen müssen. Und das war damals schon a bissl alt." Vor allem war es sehr ungemütlich beim Aufwärmen.

Neben den Bayern spielten auch die Sechzger im Giesinger Stadion, mittwochs war manchmal Europapokal. Es wurde mehr geackert als gezaubert, der Platz sah dementsprechend aus. „Wenn's dann auch noch g'regnet hat", sagt Schwarzenbeck, „dann war's schon recht matschig." Das war auch der Grund, warum die Spieler sich vor Anpfiff nicht auf dem Spielfeld aufwärmen durften. Und wenn sich doch einer auf den Platz wagte, dann scheuchte ihn der Platzwart gleich wieder runter. Nein, aufwärmen mussten sie sich draußen. Auf der Straße.

Sie mussten immer raus, vorbei an der Stadionwirtschaft auf die Volckmerstraße, hinter der Haupttribüne. „Inmitten der ganzen Leut', wenn da grad 40.000 Zuschauer ins Stadion geströmt sind, hat das schon eng werden können." Darum mussten sie sich dann immer ihren Weg bahnen. „Vor zur Grünwalder, dann rechts zur Apotheke am Wettersteinplatz und dann wieder z'rück." Das war dann immer die Laufstrecke.

Das Olympiastadion war dagegen das Paradies, der reinste Luxus, eine andere Welt. Das erste Mal erlebt hat Schwarzenbeck die neue Welt beim Eröffnungsspiel gegen die Russen, die Sowjets, Mai 1972. „Aus der Kabine raus, die Treppen hoch, die einen links, die anderen rechts, das war schon was anderes. A bissl bist dir schon vorgekommen wie ein Gladiator im alten Rom." Katschem et Circenses. Schwarzenbeck und Spiele. Und die Zuschauer hielten den Daumen meist nach oben.

Die Zuschauer saßen außen herum, sie saßen weit weg, aber so waren viele der neuen Stadien damals, die sie für die WM 1974 bauten oder renovierten. Parkstadion Schalke, Volksparkstadion Hamburg, Rheinstadion Düsseldorf. Alle mit Laufbahn außen herum.

Aber es gab im Land auch diese kleinen Stadien, mit ihrer dichten Atmosphäre, einer giftigen Atmosphäre, gerade wenn die verhassten Bayern kamen. „Bei Rot-Weiß Essen", sagt Schwarzenbeck, „wennst als Zuschauer hinterm Tor gestanden bist, bist mit dem Regenschirm bis zum Torwart kommen." Der Maier Sepp hat das einmal zu spüren bekommen. Und einmal am Betzenberg in Kaiserslautern, als Schwarzenbeck gerade Einwurf hatte, haute ihm einer von hinten durch den Zaun auf die Schulter. „Mit dem Hacklstecker."

Die Laufbahn als neutrales Niemandsland, mit vielen Hacklsteckerlängen zwischen Spieler und Publikum, viele Fußballer wussten das zu schätzen. Konnte ja auch trotzdem grandiose Stim-

Katsche **Schwarzenbeck** (*1948) spielte von 1966 bis 1981 als einer der weltbesten Abwehrspieler beim FC Bayern, bestritt dabei 416 Bundesliga-Spiele. Neben sechs deutschen Meistertiteln und drei Erfolgen im DFB-Pokal gewann er dreimal den Europapokal der Landesmeister, einmal den Cup der Pokalsieger und den Weltpokal, dazu war er 1972 Europameister und 1974 Weltmeister. Nach seiner Karriere führte er bis 2008 einen Schreibwarenladen. Er lebt mit seiner Frau Hannelore in München.

mung sein, die der Katsche erlebte, 1974 beim WM-Finale gegen Holland oder 1976 beim Europapokal, das legendäre Halbfinal-Rückspiel, das 2:0 gegen Real.

Aber es gab auch andere Spiele. Es war nämlich nicht so, dass damals in jedem Spiel volle Hütte war, wie mittlerweile, wo im Juli 2012 die Bayern-Pressestelle verkündet, dass sämtliche Saison-Heimspiele bis Mai 2013 ausverkauft seien. „Manchmal hast damals 15.000 Zuschauer gehabt, manchmal 20.000, das hat dann schon auch mal trist sein können", sagt Schwarzenbeck. Aber trist waren auch viele Spiele der Bayern, ab Mitte der Siebziger Jahre. Liga-Mittelmaß, hier im Olympiastadion erlebte er in der Zeit zwei der bittersten Stunden seiner Karriere, ein 0:7 gegen Schalke im Oktober 1976. Aber an dem Tag war auch Föhn, und bei Föhn spielten die Bayern immer schlecht.

Und im November 1977 das 1:3 im Watschn-Derby, das so hieß, weil Karl-Heinz Rummenigge dem Sechzger Hofeditz eine Watschn gab und darum vom Platz flog. Für die Bayern gab es in jenen Jahren oft eine Tracht Prügel, und Schwarzenbeck weiß noch um seine Befürchtungen. „Wennst Elfter, Zwölfter warst, dann hast schon immer das Rechnen angefangen, wie viel hast noch auf die Abstiegs-plätze. Da hast richtig Angst gekriegt." Aber einen Abstieg erlebte er nie, und es war auch wahrlich kein Abstieg, als er 1981 nach der Karriere den Schreibwarenladen seiner Tanten in der Ohlmüllerstraße übernahm, Stifte verkaufte, Malblöcke, Schulhefte, im Gegenteil. Anders als viele andere Fußballer schaffte er den nahtlosen Übergang ins Berufsleben. Trainer, Manager, das interessierte ihn nie. Er hatte neue Prioritäten.

Einmal, 1985, rief Beckenbauer an. Alt-Bundestrainer Helmut Schön lud zu seinem Siebzigsten Mitte September, Beckenbauer sollte die 74er-Weltmeister zusammentrommeln. Der Katsche sag-te ab: „Geh, Franz, i konn doch ned weg aus'm G'schäft. Da ist doch grad Schulanfang."

Aber bis er seinen Laden für immer zusperrte, 2008, hatte er noch oft Besuch von Fußball-Fans. Touristen, die um ein Auto-gramm baten, Menschen, die noch einmal hören wollten, wie das war bei der WM und mit den Bayern. Geschichten eines Gladia-tors. Geschichten aus Katsches Circus Maximus.

# Artur Silber

## *Widerwillige Engel und ein Weltrekord:*
## *Das Festival am See*

Die Urkunde für den Weltrekord hält Artur Silber in Ehren. Gleich neben dem Schreibtisch hängt sie, in seinem Hinterhof-Büro in der Augustenstraße, die Urkunde vom Guinness-Buch. Die Auszeichnung für das längste Musik-Festival der Welt, mit Konzerten an 32 aufeinander folgenden Tagen. Prämiert wurde Artur Silber dafür 2002, als er noch der Macher des Theatron war, dieser Jahrzehnte alten Institution in der Münchner Musik-Szene, am Ufer des Olympiasees.

Aber Silber war ja nicht nur Veranstalter. Er war auch der erste Schlagzeuger, der am Theatron trommelte. 1974.

Von den Architekten war das Theatron unterhalb der Schwimmhalle für das kulturelle olympische Rahmenprogramm angelegt worden, als Open-Air-Amphitheater. Während der Sommerspiele gab es hier Serenaden, Modeschauen, Tanz und Theater, danach war erst einmal Ruhe. Der ursprüngliche Plan eines dauerhaften Theaterbetriebs mit einer fest installierten Bühnentechnik war schon im Sommer 1969 wieder verworfen worden. Die Kosten dafür waren zu hoch.

Zwei Jahre nach den Spielen entstand die Idee, das Theatron auch für Konzerte zu nutzen. Sporadisch, an manchen Sonntagnachmittagen. Jürgen Birr war der erste Veranstalter. Birr war Sannyasin, deswegen hüpften lange Zeit vor allem orangefarben bekuttete Bhagwan-Jünger hier herum. Hare Krishna und so.

Silber erinnert sich an jenen ersten Tag, wie kaum einer auf den Treppen saß, weder Zuschauer noch Sannyasin, und er mit seiner Rock-Combo trotzdem vor sich hin musizierte. Die Band hieß „Sonnenschiff", aber davon passte eher der zweite Teil des Namens, denn es schiffte mehr, als dass die Sonne schien, kurz, es goss aus Kübeln, deswegen war auch keiner gekommen. „Irgendjemand hat so Malerplanen über uns drübergehalten", sagt Silber,

„und nach 20 Minuten ist uns trotzdem die Hammond-Orgel abgesoffen."

Am Theatron gab es auch schöne Nachmittage und Abende, die Konzerte wurden mit den Jahren mehr und auch die Besucher. Es gibt Menschen, die sich heute noch daran erinnern, wie es zur Schulzeit in München oft keinen idyllischeren Ort gab als das Theatron. Ein Sommerabend, Anfang August, kurz nach Ferienbeginn, die Kulisse mit See und Schuttberg. Mit Musik von Bands, die oft gut waren, manchmal schräg und hin und wieder grausig, aber das war egal, weil man das Glück in beiden Händen hielt, die Hand der Freundin an der einen und ein Augustiner in der anderen. Was konnte es Schöneres geben.

Wenn Artur Silber spielte, und er spielte hier noch oft, war es nie schön. „Da war dann immer a Sauwetter", sagt er.

1983 gründete Artur Silber ein Musikstudio, das „Downtown". München war damals längst eine Hochburg der Szene, wer hatte hier nicht seit den Siebzigern seine Platten eingespielt. Queen, Deep Purple, Donna Summer, Led Zeppelin, die Rolling Stones und viele mehr. Die „Musicland"-Studios von Giorgio Moroder unter dem Arabella-Haus am Effnerplatz waren ein Mekka für die Top-Stars des Pop und Rock. In München machte ein großes Studio nach dem anderen auf, Union, Trixi, Rainbow, und dann kam Artur Silber. „Ja Artur", sagten seine Freunde, „sog amoi, spinnst du, jetzt muasst du aa no a Studio aufmacha, des hod doch scho so vui", aber der Artur sagte darauf nur: „Ja, warum denn ned."

Das „Downtown" etablierte sich ganz schnell. 1986 kam Udo Lindenberg aus Hamburg in den Keller in der Augustenstraße und nahm seine Scheibe „Phönix" auf, mit dem Hit: „Hinterm Horizont geht's weiter."

Bei Downtown ging 1997 aber erst einmal nichts mehr weiter. Das Studio musste nach einem massiven Wasserschaden zumachen, es war noch mehr abgesoffen als 1974 die Hammond-Orgel auf der Seebühne. Silber sagt, er wollte aus Verzweiflung schon den Taxi-Schein machen, aber dann bekam er aus dem Kultur-

Artur Silber (*1954) ist seit 1983 Geschäftsführer des „Downtown"-Studios, eines der ältesten noch existierenden Musikstudios Münchens, dazu Inhaber der PR-Agentur „Silberpfeil". Von 1997 bis 2004 war er Leiter des Musik-Festivals „Theatron" am Olympiasee.

referat das Angebot, das Theatron-Festival zu übernehmen. Verantwortlich für die Organisation, das Programm und vor allem für die Finanzen. „Das war im März, und bis Juli hat alles stehen müssen", sagt Silber. „Da hab' ich schon sauber g'schwitzt." Gerade des Geldes wegen, bei null Pfennig Eintrittsgeld, den Kosten für die Technik, die Tonmeister, die Helfershelfer und für die Bands, die so 400 Mark pro Auftritt bekamen, nicht wirklich viel, aber zwei Konzerte am Tag, und das über einen Monat, das läppert sich.

Am Ende fand das Festival statt, hinten raus gab es zwar rote Zahlen, aber das war das letzte Mal, danach war mehr Zeit zum Vorbereiten aufs nächste Jahr, um aus mehreren hundert Bewerbungen dann die rund 60 Plätze zu vergeben, vor allem aber auch zur Akquise von Sponsoren. Es ging alles gut, aber g'schwitzt hat Artur Silber jedesmal wieder, und auch während der Konzerte wurde ihm manchmal ganz anders. An gut besuchten Abenden sind im Theatron so 3000 Menschen, höchstens 4000, dann ist es richtig voll. Einmal aber, da gastierte hier „Supercharge", die unverwüstliche Rhythm'n'Blues-Truppe um Saxophon-Maestro Albie Donnelly. Supercharge füllte immer schon die Konzertsäle, egal wo, ob in den Achtzigern das alte „Domicile" in der Leopold oder das Kaffee Giesing vom Wecker, es war immer brechend voll. So hier auch. Silber schätzt, dass es an die 7000 Menschen waren, unten vor der Bühne, auf den Treppen, links und rechts auf den steilen Wiesenhängen. Und die, die nichts mehr sahen, kletterten sogar auf Bäume oder aufs Zeltdach der Schwimmhalle. „Da stehst da, und fängst das Beten an, dass nix passiert", sagt Silber, und noch heute ist er froh, dass seine Gebete erhört wurden.

Ein anderes Mal musste er sehr laut werden, dass er erhört wurde. Von Musikern, die gar nicht spielen wollten. Das waren die „Engel wider Willen". Die vier Engel um Countertenor Hermann Voges waren Ende der Neunziger eine sehr angesagte Münchner Band, mit einem gewagten Crossover aus Progressive Rock, Avantgarde Pop und Klassik aus dem Mittelalter. Einmal sollten die Engel am Theatron auftreten. Sie kamen, packten ihre Instrumente aber gar nicht aus. Denn es regnete mal wieder. Es regnete sehr stark.

Fußballer sagen zu so etwas Fritz-Walter-Wetter. Münchner Musiker könnten dazu auch sagen Artur-Silber-Wetter.

Die Engel zogen jedenfalls wieder ab. Silber aber wusste schon
genau, wo das Wetter herkam, und wo es herkam, da rissen die
Wolken in der Ferne schon wieder auf. Halb acht sollte das Konzert
beginnen, er wusste, bis dahin wäre der Regen vorbei. Aber um kurz
vor sieben waren die Engel immer noch ausgeflogen. Es wurde sieben, fünf nach sieben, die Ränge füllten sich. Silber wurde unruhig,
dann rief Silber an, er erreichte die Musiker in einer Wirtschaft seelenruhig beim Abendessen. Er fragte, wo sie denn jetzt blieben, worauf er zu hören bekam. „Mir san doch ned deppert, mir spuin ned,
mir machma doch ned unsere Instrumente kaputt." Aber da kamen
sie bei Silber genau an den Richtigen. Er fasste sich kurz und sagte

nur: „Ihr zahlts, kummts her und spuits." Ein Silber, ein Wort. Fünf vor halb acht waren die Musiker da, Punkt halb acht begannen sie zu spielen.

Und Punkt halb 8 hörte auch der Regen auf. Es wurde ein himmlischer Abend mit den Engeln.

Heute bekanne Bands spielten hier auch. Viele, die hier noch in den Anfängen waren, bei denen die große Karriere noch nicht zu ahnen war. Die Scorpions, die Sportfreunde Stiller, Fury in the Slaughterhouse. Aber auch solche, die zum Musiksommer auf die Seebühne kamen, als sie schon ganz oben waren. Die Spencer Davis Group oder Emerson, Lake & Palmer.

Einmal hatte Artur Silber auch noch eine jamaikanische Reggae-Band hier, auch auf sie musste er lange warten. Damals gab es noch Umkleidecontainer hinter der Bühne. Silber hatte schon kein gutes Gefühl, und als er die Tür öffnete und ihm eine dichte Dampfwolke ins Gesicht blies, da wurde seine Vorahnung bestätigt, da hatte er das Gras erst wachsen gehört, und dann konnte er es auch riechen.

2004 schließlich, nach sieben Jahren, gab Silber die Festival-Leitung ab, an seine Nachfolger, Judith Becker und Antonio Seidemann. Oft noch kam er hierher, oft zum Zuschauen, manchmal auch noch zum Spielen. Das letzte Mal beim Abschiedskonzert von „Central Park", seiner alten Band aus den Achtzigern. Das war im August 2011. Es war unglaublich. Es war einzigartig. Es war ein Wunder. Artur Silber trommelte.

Und es schien die Sonne.

# Ankie Spitzer

*Ein Kuss für Anouk, ein Zug nach München –*
*und ein letzter Anruf aus der Telefonzelle*

Vierzig war sie gerade geworden, Anouk Spitzer, da stand wenige Wochen nach dem runden Geburtstag schon das nächste große Fest an. Die Hochzeitsfeier im Juli 2012. Gäste kamen, viele Gäste, Freunde, Verwandte, die drei Geschwister, sie alle kamen in den kleinen Garten von Ankie, Anouks Mutter. Ankie Spitzer hatte alles schön hergerichtet, natürlich, es war auch für sie ein besonderer Tag. „Nur traurig", sagte sie wenige Tage davor am Telefon, „dass Andre das nicht sehen kann." Anouks Vater, der starb, als seine Tochter zwei Monate alt war. Am Fliegerhorst in Fürstenfeldbruck.

Andre Spitzer, israelischer Fechttrainer. 1968 fuhr er nach Holland, dort beendete er seine Ausbildung, dort lernte er Ankie kennen. Sie verliebten sich, es kam die Hochzeit, Frühjahr 1971, dann kam Anouk, Frühsommer 1972. Die Spiele standen an, Anouk blieb bei Oma und Opa, Ankies Eltern in 's-Hertogenbosch, Südholland. Andre und Ankie fuhren nach München. Andre Spitzer bezog sein Quartier im Olympischen Dorf, Connollystraße 31, 1. Stock, Zimmer 1, aber nur pro forma. Das junge Paar lebte in einer Pension, da konnten sie zu zweit sein, im Olympischen Dorf ging das nicht. Untertags aber waren sie oft im Dorf, sie kamen auch leicht rein, ohne Kontrollen. „Wir sind immer durch den Ausgang hineingegangen", sagt Ankie Spitzer, „und das in Deutschland, wo ich dachte, dass immer alles korrekt sein muss. Ich konnte das nicht glauben." Sie spielten Schach, Tischtennis, gingen einkaufen, bummeln, trafen andere Sportler. Einmal, sagt Ankie Spitzer, habe ihr Mann plötzlich Kollegen entdeckt, Fechter aus einem anderen Land, dem Libanon. Andre Spitzer ging zu ihnen hin, sie umarmten sich, scherzten, ein kur-

Ankie Spitzer (*1946) stammt aus Holland und ist die Witwe des israelischen Fechttrainers Andre Spitzer, der beim Attentat palästinensischer Terroristen 1972 ums Leben kam. Sie lebt in der Nähe von Tel Aviv und ist Nahost-Korrespondentin für das holländische Fernsehen.

137

zer Plausch. „Als Andre zu mir zurückkam, hatte er ein großes Lachen im Gesicht. Ich sagte zu ihm: ‚Bist du verrückt, das waren Libanesen und Du bist Israeli?‘ Aber Andre sagte nur: ‚Aber dafür gibt es doch Olympische Spiele, dass wir alle Freunde sein können ohne Grenzen.‘“

Dann waren die Wettkämpfe von Andres Fechtern vorbei, Andre hatte geplant, mit seiner Ankie jetzt das schöne Oberbayern zu sehen. Linderhof, Neuschwanstein, Schlösser, Berge, Seen. Was ihm Ankie bis dahin aber verschwiegen hatte, um ihn nicht zu beunruhigen und abzulenken: Daheim in Holland lag Anouk im Krankenhaus. Sie hatte tagelang geschrien, der Kinderarzt fand nichts, die Großeltern wussten keinen Rat, sie brachten Anouk in die Klinik. Andre und Ankie brachen sofort auf, sie nahmen den Zug nach Holland, es war der 2. September. Der Pass von Andre Spitzer war bei der israelischen Delegationsleitung, in ein anderes Land durfte er während der Spiele nicht. Die holländischen Grenzer wollten ihn zurückschicken, Ankies Vater aber war ein Regierungsbeamter, ganz schnell hatte Andre ein Visum. Für 48 Stunden.

Sie besuchten Anouk, die Ärzte gaben bereits Entwarnung, sicherheitshalber blieb sie noch in der Klinik. Am 4. September musste Andre Spitzer wieder zurück, das Visum lief ab, seine Mannschaftskollegen, die ihn irgendwo im Voralpenland wähnten, warteten auf ihn. Am Morgen des 4. September fuhr ihn Ankie zum Bahnhof, auf dem Weg dorthin lag die Klinik, Andre sprang aus dem Auto und sagte: „Ich möchte nur noch meiner Tochter einen Kuss geben.“ – Ankie warnte, das ginge nicht, die knappe Zeit, der Zug, Andre ließ sich nicht aufhalten, als er wieder kam und sie zum Bahnhof fuhren, war der Zug schon weg. „Dann sagte Andre zu mir: ‚Weißt Du was, Ankie, dann machen wir uns hier noch einen schönen Tag.‘ Aber ich sagte nur: ‚Bist Du verrückt? Du bekommst großen Ärger, Du musst zurück.‘ Ich setzte alles daran, damit er nach München kommt.“

Mit Vollgas raste Ankie Spitzer die 36 Kilometer über die A2 südwärts Richtung Eindhoven, dort stand der Zug am Bahnsteig, Andre Spitzer sprang hinein, im letzten Moment, dann fuhr der Zug ab. Er rief noch, er würde sich am Abend melden. Ankie Spitzer sagt, als sie die Rücklichter sah, sei sie sehr glücklich gewesen.

Am Tag nach der Tragödie: Ankie Spitzer im verwüsteten Zimmer
des Olympischen Dorfs, in dem ihr Mann Andre als Geisel genommen wurde –
bevor er später ums Leben kam.

Am späten Abend des 4. September rief Andre Spitzer Ankie bei
ihren Eltern an, aus einer Telefonzelle im Olympischen Dorf. Er sei
gut angekommen, sagte er, die übrigen Teamkollegen wären noch
unterwegs, im Musical „Anatevka" im Deutschen Theater. Er hatte noch eine Mark und 50 Pfennig zum Telefonieren und wollte
nun schlafen gehen, in Zimmer 1. Es war das letzte Mal, dass Ankie
Spitzer ihren Mann gesprochen hatte.

„Um 7 Uhr morgens weckten mich meine Eltern", erzählt sie, „sie
sagten, in den Radio-Nachrichten hätten sie von einem Überfall auf
israelische Sportler in München berichtet." Den ganzen Tag saßen
sie vor dem Fernseher, die Angst, die Ungewissheit, sie hörten, dass
es erste Tote gab, dann sahen sie Andre am Fenster stehen, Erleich-
terung. Die Hubschrauber flogen aus, die Mutter sagte: „Ankie,
jetzt wird alles gut." Gegen Mitternacht trat Regierungssprecher
Conrad Ahlers vor die Kameras, er sagte, die Geiseln seien befreit.
Er war einer Falschinformation aufgesessen. „Mein Vater holte den

Champagner heraus", sagt Ankie Spitzer, „ich meinte nur: Ich trinke erst ein Glas, wenn ich Andre gesprochen habe." Aber Andre rief nicht an, es wurde 1 Uhr, 2 Uhr, Meldungen kamen über Verwundete, dann die schreckliche Gewissheit, das Grauen, alle sind tot.

Ankie Spitzer flog noch am frühen Morgen nach München, mit einer Privatmaschine, die der israelische Botschafter gechartert hatte. Sie kam ins Stadion zur Trauerfeier, auf dem Weg dorthin sah sie auf den Trainingsplätzen Sportler, die sich auf ihre Wettkämpfe vorbereiteten. „Das war alles so irreal", sagt sie, „mein Andre und zehn andere Israelis waren tot, und es wurde trainiert, als sei nichts geschehen." Nach der Gedenkstunde ging sie in die Connollystraße, sie wollte die Habseligkeiten ihres Mannes mit nach Hause nehmen. Sie ging in das Zimmer, sah die Verwüstung, sah das Blut, sah die Stelle, an der Joseph Romano qualvoll gestorben war. Und sie sah Waldi. Das Maskottchen. Den lustigen Dackel mit seinen fröhlichen Pastellfarben. Andre Spitzer hatte einige Tage zuvor in einem Souvenirladen einen kleinen Stoff-Waldi gekauft. Als Mitbringsel für seine Anouk. Als ewige Erinnerung an die Spiele von 1972.

Ankie Spitzer packte ein, flog zur Trauerfeier nach Israel, zwei Monate später beschloss sie, mit Anouk für immer nach Israel zu ziehen, das Land ihres Mannes. „Ich fürchtete, dass sie in Holland immer als Halbwaise, als Tochter des toten Olympia-Opfers angesehen würde, dass sie überhäuft würde mit Mitleid und Geschenken", sagt Ankie Spitzer. „In Israel aber gab es viele Kinder, die ihre Väter verloren haben, nach dem Sechstage-Krieg 1967, später auch nach Jom Kippur 1973. Darum dachte ich, in dieses Umfeld passt Anouk viel besser hinein."

Ankie Spitzer wurde Reporterin, als Korrespondentin für das belgische und holländische Fernsehen. Sie berichtete über die Konflikte in Nahost, führte viele Interviews, einige Male auch mit Yassir Arafat, dem PLO-Chef, dessen Rolle hinter der Terror-Gruppe „Schwarzer September" Zeit seines Lebens umstritten war. Ankie Spitzer sagt, als sie ihm das Mikrofon entgegenhielt, habe das Mikrofon gewackelt. Weil sie am ganzen Leib zitterte. Um ihre Identität wusste Arafat nicht, 1980 hatte Spitzer wieder geheiratet, den Universitätsprofessor Elie Rekhess, und sich den Nachnamen ihres neuen Mannes zugelegt.

Von der ersten Hochzeit ihrer Mutter sah Anouk Spitzer auch noch Bilder, das erste Mal, als sie 12 war. Auf einem alten Super-8-Film, surrend, ohne Ton. Die einzige Video- oder Audioaufnahme, die sie gemacht haben. Die Stimme ihres Vaters hat Anouk Spitzer nie gehört. Seit damals im Krankenhaus, beim Abschied am 4. Sepetember.

Warum sie nicht hörte auf ihn, am 4. September, warum sie ihn nach Eindhoven fahren musste, es hätte ein schöner Tag werden können und ein schönes Leben. Aber Ankie Spitzer hat sehr bald verstanden, nicht zu zerbrechen an Selbstvorwürfen. Es kam, wie es kam, wie es wohl zu kommen hatte.

Ankie Spitzer bekam noch drei Kinder, sie wurde eine Art Sprecherin der Hinterbliebenen, bis heute setzt sie sich am lautesten dafür ein, dass das IOC der Opfer des Attentats gedenkt, mit einer Trauerminute bei jeder Olympischen Eröffnungsfeier. Sie kennt Jacques Rogge gut, den IOC-Boss, ein Belgier, 1972 war er selbst aktiver Olympia-Athlet, wenn auch oben in Kiel, als Segler. Sie sprechen zusammen immer Holländisch, aber Rogge, sagt Ankie Spitzer, würde immer ausweichen, und jedes Mal nach anderen Gründen suchen, warum das nicht möglich sei. „Dabei ist es doch ganz klar", sagt Spitzer, „im IOC haben sie einfach Angst vor der starken arabischen Lobby, die so eine symbolische Geste nicht haben wollen. Sie haben nicht den Mut, es sind einfach Feiglinge. Wenn sie es nur einmal tun würden, dann wären sie mich los, ein für alle Mal." Aber so wird Ankie Spitzer weiter kämpfen für das Gedenken an ihren Mann. Das hatte sie sich damals geschworen, am 6. September 1972, im Zimmer in der Connollystraße.

In Israel muss sie nicht darum kämpfen, in Israel wurde der Opfer schon immer gedacht. In einem Museum in Tel Aviv etwa, dort sind persönliche Erinnerungsstücke ausgestellt. Bei Andre Spitzer ist es sein offizieller Olympia-Anzug. Seine Kippa, die er bei der Eröffnungsfeier trug. Ein Schwarz-Weiß-Bild von Andre und Anouk, dem Baby, ist dort zu sehen, und auch sein letztes Geschenk an seine Tochter. Waldi, der lustige Dackel.

# Sportfreunde Stiller

## *Mit dem Radl in die Garderobe –*
## *und eine Maß Bier vor dem Heimspiel*

Es war ein Erfolg im Olympiapark, und was für ein Erfolg das war. Gigantisch, überwältigend. Nie hätten die drei Burschen mit so einer Resonanz gerechnet, ihre Erwartungen wurden bei weitem übertroffen. Sensationell. So an die 300 CDs hatten die Sportfreunde Stiller nach ihrem Auftritt im Theatron verkauft, das hatten sie bis dahin nirgendwo sonst geschafft. Es war so um die Jahrtausendwende, ein grandioser Abend für eine aufstrebende Nachwuchsband aus dem Münchner Westen, benannt nach ihrem alten Fußballtrainer. Hans Stiller, SV Germering. Schräg irgendwie.

Sie waren recht glücklich, sie und Marc Liebscher. Liebscher organisierte schon damals die Konzerte und die Termine, und damals hatten sie sich vorgenommen, diesen schönen Tag noch bei einer Feier ausgiebig ausklingen zu lassen, hatten ja auch genug eingenommen durch die verkauften Tonträger. Das schon, es war nur so, dass Manager Liebscher den prall gefüllten Geldbeutel beim Wegfahren auf dem Autodach hatte liegen lassen. Und als sie ausstiegen, war der Geldbeutel da natürlich nicht mehr.

Den meisten anderen Bands ist so ein Malheur beim Theatron nicht passiert. Aber die meisten anderen Bands schafften es auch nicht, später einmal in einer ausverkauften Olympiahalle zu spielen.

Flo Weber, der am Schlagzeug, und Peter Brugger, Gitarre, waren noch viel jünger, als sie die ersten Male in den Olympiapark kamen, und ihre Haare waren auch viel länger. „Richtige Hippies warma damals", sagt Weber, und wenn Bands, die ihre Musik spielten, im Olympiastadion zu einem Open-Air auftraten, die Stones etwa oder U2, und wenn der Sommerabend ein milder und lauer war, dann saßen die beiden Freunde oben am Olympiaberg, schauten hinunter, sahen zwar nicht viel, aber hörten doch eine ganze Menge. Peter Brugger sagt, so hätten sie sich das Geld für die Eintrittskarten gespart, und Flo Weber entgegnet, das stimme zwar schon:

*„In einem Anflug von Größenwahn": Gitarrist und Sänger Peter Brugger von den Sportfreunden Stiller, die 2004 erstmals in einer ausverkauften Olympiahalle spielten.*

„Aber dafür haben wir uns halt immer Bier für einen Fuchzger gekauft."

Wenn sie ins Stadion gingen, dann zum Fußball, da aber auch nicht gemeinsam, natürlich nicht. Der Peter als Bayern-Fan, der Flo als Löwe. Der Flo hatte seinen Stammplatz bei den Heimspielen des TSV 1860 immer in Block V2, zwischen den Gästefans in der Süd-kurve und der Haupttribüne. „Da war nie was los, da hast schön deine Ruhe gehabt." Der Flo war immer da, auch an trostlosen Abenden mit diesen tristen Pokalspielen. Ende November, mitten unter der Woche, 3000 Zuschauer, nullfünf gegen Bochum, geht's noch deprimierender. Und selbst wenn die Löwen gewannen, war es nicht immer lustig. Einmal ging es gegen Köln. Weil es aus Gieß-kannen schüttete, durften die Gästefans unters Dach, sie gingen in den ersten trockenen Block, Block V2. Kurz vor Schluss traf Agostino zum 2:1-Sieg der Löwen, Flo Weber jubelte und als er sich umdrehte, sah er die Gesichter der Kölner Anhänger. Viele Gesichter, und die Gesichter waren schon sehr nah. Weber jubelte nicht mehr, er ging dann doch eher bald.

Mehr Zuspruch erfuhr Flo Weber mit Peter Brugger und Rüdiger Linhof, dem Bassisten und Keyboarder, Ende Mai 2004. Als sie selbst ein Heimspiel hatten. Als erste Münchner Band seit der Spider Murphy Gang in einer ausverkauften Olympiahalle.

Brugger sagt, es sei eher aus einer Laune heraus entstanden, das mit der Halle. „In einem Anflug von Größenwahn." Auf größeren Festivals hatten sie schon einmal vor vielen Menschen gespielt, aber da kam das Publikum, um mehrere Bands zu sehen. 10.000 Leute nur wegen ihnen allein, das hatten sie noch nicht erlebt. Darum war das Lampenfieber auch enorm.

Die Platte „Burli" war zwei Monate vor dem Auftritt erschienen, sie verkaufte sich bestens, stieg bis auf Platz zwei der Album-Charts, und wie es sich für ein richtiges Heimspiel gehört, kamen die Sportfreunde nicht wie andere mit einem luxuriös ausgestatteten Tourbus, nein. Sie kamen mit dem Fahrrad. Ja, mir san mit'm Radl da.

Das Gute an einem Radl ist ja auch, ein Radl hat kein Autodach, auf dem man einen Geldbeutel liegen lässt.

Flo Weber sagt, sie fuhren damals über die Rampe, rechts vom VIP-Eingang hinunter in die Garderobe. Und als sie dann ihre Räder abgestellt hatten und draußen schon die Leute hörten, da begann die Aufregung. „Mein Lampenfieber war so brutal", sagt Flo Weber, „ich hab gesagt, ich brauch' sofort a Maß Bier, sonst pack ich das nicht." Weber bekam die Maß Bier, die Maß Bier war schnell weg, dann gingen sie raus und spielten. Weber sagt, er habe an diesem Abend unter der Folgewirkung des Getränks sicher einige „leichtfertige Fehler" gemacht, aber das störte nicht weiter. Der Abend wurde ein denkwürdiger Abend, ein wunderbarer Abend. Drei Jungs mit ihren Instrumenten. Sympathisch, schlicht, schnörkel-

Die **Sportfreunde Stiller** aus München um Peter Brugger (*1972), Florian Weber (*1974) und Rüdiger Linhof (*1973) sind eine der erfolgreichsten deutschen Pop- und Rock-Bands. Ihr größter Hit war 2006 die Fußball-WM-Hymne und Nummer-1-Single „54, 74, 90, 2006".

los. „Ohne Mordsbrimborium", sagt Peter Brugger, „als die ersten paar Lieder funktioniert haben, habe ich gewusst: Jetzt ist alles gut. Wir haben bald gemerkt, auf diese Bühne kannst auch zu dritt ohne große Licht-Show, und die Leute feiern dich trotzdem."

Lieder erklangen aus dem Publikum, die sonst nur drüben im Stadion zu hören waren, zum Beispiel: „Oh, wie ist das schön". Selbst den Tagesthemen in der ARD war das Heimkonzert einen Bericht wert, und bald kannte man die Sportfreunde im ganzen Land. Bald aber begann auch die Krise.

Es folgte ihr größter Hit, das „54, 74, 90, 2006", die Hymne zur Heim-WM, das später noch auf „2010" enden sollte. Nummer 1 der Single-Charts, das ganze Land grölte das Lied nach, und plötzlich hatten die Sportfreunde Millionen Fans. Vorher, so wirkte es, waren es einfach ein paar tausend Kumpels. Nun kamen Menschen zu den Konzerten, mit denen die Kumpels gar nichts anfangen konnten, und auch den Musikern selbst war das nicht so recht. „Einerseits war der Erfolg toll, eine bärige Zeit", sagt Flo Weber. „Aber andererseits hatten wir keinen Bock, dass die Leute nur noch wegen des Lieds zu uns kommen." Wo sie hinkamen, immer ging es um 54, um 74, um 90 und um 2006. „Das hat viel bei uns durcheinander gebracht, wir wussten gar nicht mehr, wo wir stehen. Da hat's uns sauber verspult."

Es folgte die Abgrenzung, mit dem Album „La Bum" und Liedern wie „Antinazibund" distanzierten sich die Sportfreunde vom Lieblingsthema Fußball, und es folgten auch weitere, ebenso umjubelte Konzerte in der Olympiahalle. Erst 2007, dann im Dezember 2010 mit ihrer Akustik-Version, unplugged.

Der nächste Schritt, ganz logisch, wäre das Stadion, dort wo Flo Weber schon einmal gespielt hat. Befreit aufgespielt hat er, und sogar ein Tor erzielt. September 2009, im Finale des AZ-Freizeitkicker-Pokals, mit seinen „Atomic Allstars". Gegen den FC Blutgrätscher gab es ein 3:1, Flo Weber erzielte das 2:0 mit einem herrlichen Flugkopfball, im Stadion waren 200 Zuschauer, es sah so aus wie bei Sechzig gegen Bochum, nur lustiger.

Zu einem Open Air im Stadion kämen sicher mehr, und die Sportfreunde würden sicher noch einen Tick lauter spielen. Für die da oben am Olympiaberg, mit Bier für einen Fuchzger.

# Wilfrid Spronk

## Der Hammer im Stadion,
## ein Nagel für Pavarotti

Emotional wurde es für Wilfrid Spronk dann doch noch, am 1. Juni 2009, kurz nach Mitternacht. Als sein letzter Arbeitstag auch offiziell vorbei war. Zuvor hatte er noch mit der gesamten Familie zu Abend gegessen, oben im Drehrestaurant im Olympiaturm. Um Mitternacht rückten die Kellner an, sie spendierten Champagner, man stieß an, aber als sie mit dem Aufzug wieder unten waren und die Kinder sich verabschiedet hatten, da spazierte Spronk mit seiner Frau Regine noch einmal durch die Anlage. Sie gingen am Seeufer entlang und hoch auf den Olympiaberg, schauten hinauf zum Turm, hinunter ins Stadion, hinüber zum Zeltdach. Sie schauten auf den Olympiapark. „In diesem Moment", sagt Spronk, „bin ich wehmütig geworden, es war unvermeidlich, dass das Gefühl aufkam: Irgendwie war es dein Park." Sein Park; 26 Jahre lang, davon 16 als Geschäftsführer der Olympiapark-Gesellschaft.

Dabei war München anfangs weit weg, Spronk wuchs in Remagen auf, später studierte er Politikwissenschaften, Geschichte und Geographie, und die Spiele 1972 schaute er zuhause auf einem geliehenen Schwarz-Weiß-Fernseher. Kein Gedanke, dass er in diesem Olympiapark jemals Chef sein würde. Erst wurde er Pressechef in der Landesregierung von Rheinland-Pfalz für den damaligen Jugend- und Sportminister, einen gewissen Heiner Geißler. Spronks Vorliebe war der Radsport, er wurde Mitorganisator der Rheinland-Pfalz-Rundfahrt und lernte dadurch auch Werner Göhner kennen, den Präsidenten des Bundes Deutscher Radfahrer – und Chef des Münchner Olympiaparks.

Spronk erinnert sich noch gut an den Tag, der sein Leben entscheidend verändern sollte, im Herbst 1982. „Ich saß gerade mit dem sowjetischen Sportminister zusammen, wir unterschrieben Verträge, dass im kommenden Jahr die Top-Fahrer seines Landes bei der Rundfahrt dabei sind, da kam Werner Göhner vorbei."

Göhner war ein Kleiderschrank von einem Mannsbild, und im Vorbeigehen sagte er zu Spronk mit dem ihm eigenen Münchner Charme: „I mecht wissen, wia lang Du den Schmarrn no machst." Kein Schmarrn war nämlich, dass Göhner Spronk in München haben wollte, im Olympiapark als Leiter der Pressestelle. Das wurde Spronk dann auch, 1983. 1986 übernahm er die Hauptabteilung „Wirtschaft und Veranstaltungen", 1992 wurde er Prokurist und Vize-Geschäftsführer. Und als Göhner dann mit 65 Rentner wurde, folgte ihm Spronk nach. Es folgten weitere 16 Jahre, 16 einzigartige Jahre. Alle Höhepunkte aufzählen, das geht gar nicht, sagt er. „Es waren ja so viele." Aber es gab eben auch einige, die übertrafen die eigentlichen Highlights noch einmal um Längen. Das Finale in der Champions League 1997 etwa, das 3:1 von Dortmund gegen Juventus Turin, das die Uefa ein Jahr zuvor nach München vergeben hatte – beim Endspiel 1996 zwischen Ajax Amsterdam und Juve in Rom, Spronk sei Dank. Vor Anpfiff hatte Spronk nämlich dem damaligen Uefa-Boss Lennart Johansson ein kleines Buch überreicht. Eine Broschüre, mit der sich München um die Austragung des Endspiels bewarb. „Heute sind die Bewerbungsbücher Riesenwälzer", sagt Spronk, „damals hatte es so etwas aber noch nicht gegeben, da waren wir die ersten." Weshalb Johansson auch so fasziniert war, dass er während des dramatischen Spiels (Juve siegt erst im Elferschießen 4:2) nur mit der Lektüre des Heftes beschäftigt war und danach der Zuschlag für das Münchner Olympiastadion bereits so gut wie feststand.

Spronk holte, noch so eine herausragende Veranstaltung, die Leichtathletik-EM 2002 nach München, bei der er nie für möglich gehalten hätte, dass dort dann eine Stimmung herrschen würde, die manche schon an 1972 erinnerte, an die Heiterkeit der Münchner Sommerspiele bis zum Attentat am 5. September. Heike Drechsler war 2002 auch noch dabei mit ihren 37 Jahren, sie hatte schon viel erlebt, aber so etwas noch selten, und als sie nach ihrem fünften Platz im Weitsprung zur Atmosphäre gefragt wurde, sagte sie nur: „Die Stimmung hier ist echt der Hammer."

Noch heute sprechen sie Spronk darauf an, und als er zehn Jahre danach bei der Leichtathletik-EM in Helsinki vorbeischaute, sagten ihm viele Funktionäre aus aller Welt, wie unvergleichlich einzigartig die Veranstaltung 2002 gewesen sei. Spronk erlebte das Open Air mit den heiligen drei Tenorkönigen Jose, Placido und Luciano 1996 im Olympiastadion, als Carreras, Domingo und Pavarotti einen erbitterten Kampf gegen die dampfelnde Feuchtigkeit führten und am Ende mit der Arie „Nessun Dorma" wohl auch den Triumph gegen den Münchner Schnürlregen besangen. Vincero, vinceroooo.

Aber Spronk erlebte auch Niederlagen. Eine davon mit Pavarotti, drei Jahre zuvor. Pavarotti sollte in der Olympiahalle in Verdis Requiem singen, ganze zwölf Minuten, mehr nicht. Alles war vorbereitet, und Spronk hatte die Bühnenarbeiter noch eindringlich darauf eingeschworen, ja nicht den krummen Nagel zu vergessen. Bei Pavarotti war das nämlich so wie bei anderen abergläubischen Opernsängern auch, dass er vor seinem Auftritt erst an der Bühne nachschaute, ob auch ein verbogener Nagel im Holz steckte, und wenn er das nicht tat, dann sang er auch nicht.

So lag es nicht am fehlenden Nagel, sondern an der fehlenden Stimme, warum Pavarotti an jenem bitteren Abend im Januar 1993 nicht auftrat. Mit einer saftigen Grippe lag er in seinem Hotel, und obwohl er in der Präsidentensuite des Sheraton auf Zimmer 2105 den ganzen Tag von Medizinern an seinen Stimmbändern herumdoktorn ließ, musste er kurz vor seinem Auftritt endgültig absagen. „Wir fanden auf die Schnelle Ersatz", sagt Spronk, „James Wagner, ein Tenor, der gerade zufällig in München war." Wagner klingelten sie aus der Dusche heraus, er zog sich an, kam und sang, aber es war eben nicht der Pavarotti, für den viele von weit her gekommen waren und viel Geld bezahlt hatten. Und obwohl ihnen gesagt wurde, dass sie gerne auch ihr Geld zurückbekämen, machten viele dann auch Rabatz. „Von der Stimmung her war das eine Katastrophe", sagt Spronk, und er berichtet von Frauen, an denen viel Schmuck hing, und die ihn, als er am Eingang zu beschwichtigen versuchte, mit der Faust bedrohten.

Damals schlug niemand zu. Einen kräftigen Schlag in die Magengrube, so sagt Spronk, habe er bildlich dafür im Jahr 2000 verspürt, am Nikolaustag, als es im Münchner Stadtrat um die Pläne ging, das Olympiastadion fußballtauglich umzubauen und die Gegengerade zu überdachen, als alles bereits festzustehen schien,

*„Irgendwie war es dein Park": Wilfrid Spronk, der 16 Jahre lang
Geschäftsführer der Münchner Olympiapark-GmbH war.*

bis Architekt Manfred Sabatke vom Behnisch-Büro die Zustimmung für das Konsensmodell urplötzlich zurückzog. „Dass ich da aus der Sitzung ohne Herzkasperl rausgegangen bin", sagt Spronk, „dafür bin ich dem lieben Gott heute noch dankbar." Denn an diesem Tag wusste Spronk, die Ära des Fußballs im Stadion würde bald vorbei sein.

Immer wieder hatten die Bosse des FC Bayern gegen das Stadion gewettert, und natürlich hat es Spronk wehgetan, als Beckenbauer einst meinte, dass es doch möglich sein müsste, einen Terroristen zu finden, der das ganze Stadion wegsprengen würde. „Mit Uli Hoeneß dagegen konnte man immer sehr sachlich diskutieren und argumentieren", sagt Spronk. Aber freilich wollte auch Hoeneß raus, rein in eine reine Fußballarena, rauf nach Fröttmaning schließlich.

Und so kam dann der, wie Spronk sagt, für ihn traurigste Tag in seinen 26 Jahren im Olympiapark, der 14. Mai 2005. Der FC Bayern hatte sein letztes Spiel im Olympiastadion, und wie schon das allererste, 33 Jahre davor, das 5:1 gegen Schalke, wurde es ein außergewöhnlich spektakuläres. Fünfnull führten die Bayern gegen Nürnberg schon zur Halbzeit, zweimal Makaay, dazu Pizarro, Ballack, Deisler, fast sah es so aus, als würden sie es Spronk zu Ehren noch einmal zweistellig machen, wie schon bei seinem allerersten Besuch eines Bayern-Spiels im Olympiastadion – erste Runde, Uefa-Cup, als die Zyprioten aus Famagusta im September 1983 nach einem 0:10-Debakel bei den Bayern reif für die Insel waren.

So hoch machten es die Bayern nun nicht mehr, am Ende waren sie mit einem 6:3 gnädig, aber die beiden unwiderruflich letzten Bundesliga-Tore im Olympiastadion durch den Nürnberger Slovak sah Spronk nur noch durch einen milchigen Schleier. Spronk sagt, dass er da und nach dem Abpfiff schon sehr nah am Wasser gebaut gewesen wäre. „Das war ein sehr schlimmer Moment", sagt er, „ich bin eine Ewigkeit danach noch da gesessen und habe gar nicht gemerkt, dass das Stadion inzwischen leer war." Die Zuschauer waren bereits weg, auch die Fußballer waren verschwunden. Und sie kamen nicht mehr wieder.

Wilfrid Spronk (*1946) war von 1983 an zehn Jahre lang Pressechef der Olympiapark GmbH, 1993 übernahm er die Geschäftsführung von seinem Vorgänger Werner Göhner. Nach 16 Jahren an der Spitze des Olympiaparks ging er 2009 in den Ruhestand.

Spronk blieb noch vier Jahre, er engagierte sich für die Olympia-Bewerbung Münchens um die Winterspiele 2018, er reiste 2008 zu den Spielen nach Peking wegen seiner Kontakte, seines Netzwerks, das er über die Jahrzehnte in die internationalen Sportgremien geknüpft hatte. Weil in der Bewerbung wie in so vielem sein Herzblut steckte, war sein Einsatz groß, aber er war auf Dauer auch zu groß für seinen Körper. Im Herbst 2008 brach er zusammen, fast ein halbes Jahr war er danach auf Kur am Chiemsee. Kurz kam er noch einmal zurück, dann ging er in Rente, aber wie nahe der Olympiapark ihm noch stand, das spürte er kurz danach weit weg davon, in Bremerhaven, als ihn die Gefühle noch einmal eiskalt erwischten.

In Bremerhaven legte Spronk mit seiner Frau zum Einstand ins Rentnerleben zu einer Kreuzfahrt zum Nordkap ab, und als das Schiff in See stach, spielten sie aus den Lautsprechern „Time to say goodbye", den Abschiedsschmerzklassiker, den Andrea Bocelli und Sarah Brightman 1996 sangen, beim Kampf von Henry Maske in der Olympiahalle. „Als ich das auf dem Schiff hörte", sagt Spronk, „hat's mich auch nochmal richtig geschüttelt."

Seitdem ist nun Zeit vergangen, Spronk hat Abstand gewonnen, manchmal schaut er bei den alten Kollegen und Mitarbeitern auf der Geschäftsstelle vorbei, und er sagt, dass er sich ganz bewusst aus den Angelegenheiten des Olympiaparks heraushalten und nicht mehr einmischen will. Dafür genießt Spronk die Besuche im Park jetzt als Rentner und als Großvater. Mit seinen beiden Enkelkindern schaut er im Sommer etwa aufs „Mini-München", der Spielstadt im Olympiapark, und 2013 wird er mit ihnen auch zu den X-Games gehen, die weltweit größte Extremsportveranstaltung, die der Olympiapark für drei Jahre beheimaten darf. „Der große Enkel ist neun", sagt Spronk, „der hat mir auf dem iPad schon die Top-Sportler gezeigt, die dann kommen werden." Auch wenn ihm die Namen wenig sagen, egal, Spronk ist froh, dass der Park auch nach dem Exodus des Fußballs weiter belebt ist und beliebt. Und doch, auch wenn er nicht mehr da ist, sagt er, lässt es sich eben nicht vermeiden, dass es für ihn auch immer ein großes Stück seines Lebens ist und irgendwie immer noch sein Park. Und für die Enkel eben der Park vom Opa.

# Karlheinz Summerer

*Fürbitten für die Attentäter,*
*Hochzeitsglocken für den Wasserballer*

Es war doch ganz klar, dass er helfen wollte. Hinübergehen, die fünf Gehminuten, ein paar Häuser weiter. Karlheinz Summerer konnte nicht einfach tatenlos da sitzen und abwarten, als er in der Früh um halb 6 das Radio aufdrehte und vom Überfall auf die israelischen Sportler hörte. Mitten in seiner Gemeinde.

„Ich hab' mir überlegt, Mensch, was machst denn jetzt, und dann bin ich los." Zur Connollystraße. Als er den Tatort, das Haus mit der Nummer 31, schon fast erreicht hatte, da traf er auf Walther Tröger, den Bürgermeister des Olympischen Dorfs, der als Unterhändler die Verhandlungen mit den Terroristen führte. Tröger sah ihn an, und dann sagte er: „Herr Summerer, das allerwenigste, was Araber und Juden in so einer Situation nun brauchen können, ist ein katholischer Pfarrer." Und das musste dann auch Summerer einsehen, der Olympia-Pfarrer von 1972, der langjährige Seelsorger der deutschen Spitzensportler.

Er selbst war ja auch ein begeisterter Sportler. In seiner Schwabinger Kindheit war Summerer Leichtathlet, spielte Schlagball, Fußball. Sport faszinierte ihn wie die Musik auch, ja, er wollte ein Geistlicher werden. Aber einfach so, ein ganz normales Theologiestudium an der Uni, das reizte ihn wenig. Also ging er nach Freising, an die philosophisch-theologische Hochschule. Dort hatte er ein breiteres Angebot, Sport, Musik, Wissenschaft, dort hatte er unter anderem einen jungen Professor für Dogmatik und Fundamentaltheologie. Summerer war 24, der Professor 31, der Professor war Joseph Ratzinger.

Dass der Ratzinger später einmal Papst würde, das war genauso wenig vorherzusehen wie Summerers Laufbahn als Olympia-Pfarrer. Die Pries-

> **Karlheinz Summerer** (*1934) war seit 1972 Pfarrer in der Pfarrei „Frieden Christi" im Olympischen Dorf. Bei den Spielen von München war er Seelsorger der Athleten und begleitete die deutsche Olympia-Mannschaft bei den Winterspielen bis Lillehammer 1994.

terweihe 1959, danach
Kaplan in Landshut und
Miesbach, schließlich
Jugendpfarrer bei der Erz-
diözese München und Frei-
sing. Er leitete den Arbeits-
kreis „Kirche und Sport",
war geistlicher Beirat im
DJK-Sportbund, und als
1970 am Oberwiesenfeld
schon die Konturen des

*Der erste Bewohner des Olympischen
Dorfs: Pfarrer Summerer in der Kirche
„Frieden Christi".*

olympischen Geländes zu erkennen waren, kam Kardinal Döpfner
zu ihm und übergab ihm die neue Pfarrei. Die Kirche „Frieden
Christi" im Olympischen Dorf, dem vom Stuttgarter Architektenbüro „Heinle, Wischer und Partner" entworfenen Quartier für die
Athleten während der Sommerspiele. Die Skepsis damals war groß,
ob das Dorf nach den Spielen nicht eine Geisterstadt würde. Ob
Summerer dann nicht ganz alleine in seiner Kirche stünde.

Alleine, das war Summerer aber vor allem vor den Spielen.

Knapp eineinhalb Jahre nach der Grundsteinlegung im September 1970 zog Summerer am 24. Februar 1972 ins Pfarrheim ein –
und war damit der allererste Dorfbewohner. Selbst die 13 Hausmeister kamen erst nach ihm. Während der Spiele wurde „Frieden
Christi" zur Anlaufstelle von Sportlern aus aller Welt und von allen
Konfessionen. Katholiken, Protestanten, Anglikaner, aber eben
auch Moslems und Juden. Sie alle hatten Platz im Haus des Herrn.

Es war ein ausgetüftelter Zeitplan, den Summerer entworfen hatte, wann die Geistlichen die Räume der Kirche nutzen konnten, für
Gebete, Andachten, Messen mit den Sportlern, Trainern, Funktionären, ohne sich mit einer anderen Konfession in die Quere zu kommen. Am Tag vor der Eröffnungsfeier hielt Summerer zusammen
mit dem Vertreter einer anderen Religion eine Gedenkstunde ab. Es
war in Dachau, in der KZ-Gedenkstätte, zusammen mit dem jüdi-
schen Rabbi. Nach der Tragödie vom 5. September trauerten sie
dann wieder gemeinsam.

Bis dahin, sagt Summerer, bis zum Attentat, seien Sportler oft
gekommen, um für Kraft zu bitten, dass Gott ihnen beistehe. Ent-

weder weil ein Wettkampf anstand. Oder weil einer vorbei war, und der nicht so gelaufen war, wie erhofft. Nach dem Attentat fragten ihn viele vor allem: „Wie konnte Gott das zulassen?" Das alte Problem der Theodizee, der für viele größtmögliche Widerspruch zwischen dem Glauben an Gott und dem Unverständnis, warum er das Böse in der Welt zulässt. Auf diese Frage sagt Summerer auch heute noch: „Der liebe Gott ist keiner, der aus dem Himmel runterlangt und in solchen Situationen eingreift." Eingreifen konnte an jenem Tag aber auch Summerer nicht, und wer mit ihm spricht, spürt, dass es selbst für ihn als Pfarrer unerträglich schwer war, den Terroristen, den Mördern so ein grausames Verbrechen zu verzeihen.

Summerer erinnert an eine Fürbitte für die Attentäter, die damals beim Trauergottesdienst lautete: „Lass uns fähig werden, sie mit hineinzunehmen." Heute sagt Summerer: „Wenn man so etwas fertig bringt, dann ist man weit." Er sagt nicht, wie lange er brauchte, um so weit zu sein, er sagt nur, dass die Spiele bis dahin so schön waren: „Aber je schöner etwas ist, umso tiefer fällt man." Umso mehr kommt es dann auch einem Pfarrer vor wie die Hölle.

Es gab später doch noch schöne Momente, eine Hochzeit am 10. September beispielsweise. Der australische Wasserballspieler David Woods war zu Summerer gekommen, mit ihm seine Verlobte Judy Kerrison, eine Lehrerin aus Sydney. Die australischen Wasserballer waren schon längst ausgeschieden, kaum hatten die Spiele begonnen, waren sie auch schon raus aus dem Turnier. „Plötzlich stand er da", erzählt Summerer, „und er hat zu mir gesagt, dass er jetzt so weit wäre und alles dabei hätte, was man zu so einer Hochzeit brauchen würde, sogar die Braut und die Schwiegermutter." Und so erklangen dann Tage nach der Schluss-Sirene im Wasserbecken die Hochzeitsglocken an der Kirche. Auf Wunsch des Brautpaars bestellte Summerer auch noch einen Gospel-Chor ein, und so wurde es doch wieder ein wenig fröhlich zum Ende der Spiele.

Summerer blieb olympisch, er begleitete die deutschen Olympia-Teilnehmer als Seelsorger bei sämtlichen Winterspielen bis 1994 in Lillehammer. Mit 69 Jahren, nach 31 Jahren zog er aus dem Pfarrheim „Frieden Christi" aus, hinüber in eine eigene Wohnung in der Straßbergerstraße, auch im Olympischen Dorf. Das war 2003.

Der Ratzinger war da immer noch nicht Papst.

# Walther Tröger

## *Maschinenpistolen im Genick:*
## *Geiselnehmer mit Strandhut und Handgranate*

Im Sommer 2012 flog Walther Tröger wieder einmal nach Israel. In Israel traf Tröger viele Freunde, auch Ilana Romano und Ankie Spitzer, die beiden Witwen. Ihre Männer starben beim Olympia-Attentat von 1972, Tröger hatte die Männer damals noch gesehen. Tröger sah als einer der Ersten den Leichnam des Gewichthebers Josef Romano. Tröger sah als einer der Letzten den Fechttrainer Andre Spitzer am Leben. In der Connollystraße 31, an jenem 5. September. Tröger, der Mittelsmann, der Unterhändler zwischen Terroristen und Krisenstab. Der Bürgermeister des Olympischen Dorfs.

München, das waren für Walther Tröger schon die sechsten Olympischen Spiele. Er war seit 1961 Geschäftsführer beim Nationalen Olympischen Komitee, ab 1969 Generalsekretär. Er war auch Mitte September 1965 dabei, als Willi Daume dem Präsidium des NOK vorschlug, München als Bewerber für die Sommerspiele 1972 zu nominieren. Sechs Wochen, bevor er OB Hans-Jochen Vogel über seine Pläne unterrichtete. Sechs Wochen, in denen keine Information nach außen gedrungen war, jedes der 16 Präsidiumsmitglieder dichthielt, was heute undenkbar wäre. „Heute wäre die Sitzung ja noch gar nicht zu Ende", sagt Tröger, „da wüsste schon alle Welt Bescheid."

München bekam den Zuschlag, und kurz darauf nahm ihn Richard Vorhammer mit auf den Schuttberg. Vorhammer war Sportreferent im Kultusministerium, vor ihnen lag die Brachfläche Oberwiesenfeld, dann sagte Vorhammer: „Schaun S' da hinunter, da entsteht dann bald der Olympiapark." Und gegenüber, drüberhalb vom Mittleren Ring, entstand das Olympische Dorf. Als Mitbegründer des Organisationskomitees war Tröger bald Abteilungsleiter des Dorfs, damit auch Bürgermeister. Er kümmerte sich um Infrastruktur, Freizeitangebot, Ladenstraße, Kino, Theater. Die

Athleten nutzten die Möglichkeiten, es sah manchmal fast nach Urlaub aus, es war paradiesisch.

Dann, am frühen Morgen des 5. September bekam Tröger einen Anruf von Georg Wolf, dem Vize von Polizeipräsident Manfred Schreiber. „Kommen Sie bitte herunter", sagte Wolf, „es ist hier was passiert." Tröger ging hinunter, zum Krisenstab zusammen mit Bundesinnenminister Hans-Dietrich Genscher, mit Bayerns Innenminister Bruno Merk, mit Polizeichef Schreiber.

Zum Verhandeln aber wollten die Terroristen Tröger, nur Tröger, und niemanden sonst. „Aus welchen Gründen auch immer", sagt Tröger, „warum sie gerade mich haben wollten, weiß ich nicht." Tröger ging hinüber zu Hausnummer 31, dem Ort der Geiselnahme, es war 6.40 Uhr morgens, dann traf er zum ersten Mal auf Issa. Issa mit seiner schwarzen Schuhcreme im Gesicht, mit dem Strandhut auf dem Kopf.

Issa war der Anführer der Terrorgruppe „Schwarzer September". Issa war sein Spitzname. Issa bedeutet auf Arabisch Jesus, mit richtigem Namen hieß er Luttif Afif. Issa hatte zuvor als Hilfskraft in der Kantine des Olympischen Dorfes gearbeitet, so konnte er unbemerkt die Örtlichkeiten kennenlernen, das Dorf, das Quartier der Israelis. Wie es später hieß, habe er einmal erzählt, dass er in Nazareth auf die Welt gekommen sei.

Der Terrorist von 1972, ein Jesus von Nazareth.

Einer, der gut Deutsch sprach, nach einem Studium in Berlin. Einer, mit dem man gut reden konnte, wie Tröger sagt. Einer, der ganz locker war, am Anfang der Gespräche.

Issa forderte die Freilassung von 234 Palästinensern in israelischer Haft und von Andreas Baader und Ulrike Meinhof, den RAF-Terroristen. Bis 9 Uhr, ansonsten würden sie eine Geisel nach der anderen erschießen. Unentwegt, genau zwölf Mal pendelte Tröger im Lauf des Tages zwischen dem Krisenstab und dem Tatort, Ultimaten wurden verlängert, aber schon bald, sehr bald, war nach den Telefonaten mit Jerusalem und Bonn klar, dass keiner den Forderungen der Geiselnehmer nachgeben würde. Nicht Ministerpräsidentin Golda Meir, nicht Bundeskanzler Willy Brandt.

Tröger musste auf Zeit spielen.

„Die Stimmung bei Issa war nicht aufgeheizt, im Gegenteil", sagt

*„Warum sie gerade mich wollten, weiß ich nicht": Walther Tröger, der bei der Geiselnahme 1972 die Verhandlungen mit den Terroristen führte.*

Tröger. „Wenn man die fürchterlichen Umstände ausgrenzt, dann war Issa ein angenehmer Gesprächspartner." Tröger fragte Issa während der Unterredungen einmal nach dem Warum. Ob er denn nicht sehen würde, wie viele unschuldige Menschenleben er hier aufs Spiel setzen würde. Ob er kein Mitgefühl mit den Angehörigen habe. Ganz ruhig antwortete Issa darauf: „Wir haben nichts gegen Euch, wir haben nichts gegen die Spiele. Wir haben nichts gegen die Geiseln."

Nichts gegen die Geiseln. Er sagte das, wo wenige Meter neben ihm Moshe Weinberg erschossen wurde, wo Josef Romano nach seinen schweren Schussverletzungen vom Beginn des Überfalls qualvoll verblutet war.

Issa sprach davon, dass er Soldat sei. „Als Soldat habe ich einen Auftrag zu erfüllen. Ihr bietet uns ein Schaufenster für die ganze Welt, und dieses Schaufenster müssen wir nützen." Und als Tröger fragte, ob er nicht auch an sein eigenes Leben denken würde, sagte er: „Ich bin mir sicher, dass ich das nicht überleben werde." Er sollte Recht behalten.

Zusammen mit Genscher traf Tröger auch die neun Geiseln, darunter Spitzer. „Sie waren gefasst, aber sehr verängstigt", sagt Tröger, „sie wussten, das ist Krieg."

Mit den Stunden wurde Issa nervöser, hektischer. Im Fernsehen sahen Issa und die übrigen sieben Terroristen, wie Scharfschützen der Polizei auf ihrem Dach herumschlichen, eine Stürmung vorbereiteten. Daraufhin verlangte Issa, ausgeflogen zu werden nach Kairo. „Es war ihm klar", sagt Tröger, „es gibt nur zwei Möglichkeiten. Entweder geht es hier mit Gewalt zu Ende, oder sie verlassen mit den Geiseln das Land." Im Krisenstab hörte man die Forderung, man einigte sich darauf, die Terroristen samt Geiseln zu einem Flughafen zu locken, um ihnen vorzugaukeln, sie dürften nach Ägypten ausfliegen. „Dabei war von vornherein klar, dass das nicht geschehen würde", sagt Tröger, „Willy Brandt hat klipp und klar gesagt, Gäste in unserem Land lassen wir nicht von Terroristen ausfliegen."

Anfangs kam die Idee auf, Riem zu räumen, Strauß, der inzwischen dazu gekommen war, hatte etwa daran gedacht. Doch Tröger intervenierte, er wies auf das Chaos hin, ein belebter Verkehrsflughafen wie Riem, um Himmels willen. „Ich habe den Fliegerhorst Fürstenfeldbruck vorgeschlagen", sagt er, „alles unter Kontrolle der Bundeswehr, keine Passagiere." So kam es dann auch, zuvor aber versuchte die Polizei einen letzten Zugriff vor Ort.

Tröger sagte Issa, die Hubschrauber zum Ausfliegen Richtung Fürstenfeldbruck stünden dann vorne an der Straße, ein paar Schritte vom Haus weg. Issa forderte einen Probegang, er nahm Tröger

Walther Tröger (*1929) war während der Münchner Sommerspiele Bürgermeister im Olympischen Dorf. Von 1992 bis 2002 war er Präsident des Nationalen Olympischen Komitees, seit 2003 ist er NOK-Ehrenpräsident.

als Geisel. Issa hielt eine Handgranate, hinter ihm drückten zwei andere Palästinenser Tröger ihre Maschinenpistolen ins Genick. Tröger sagt: „Ich war dreifach gesichert." Unten auf dem Weg wurde es hektisch, Polizisten sprangen auseinander, Issa merkte, es sollte eine Falle sein. Er ging mit Tröger zurück, er bestellte einen Bus, der erste war ihm zu klein, mit dem zweiten fuhren sie zu den Hubschraubern, dann flogen sie aus. Ohne Tröger. Tröger wollte nicht.

Als Strauß mit den anderen Mitgliedern des Krisenstabs in den dritten Hubschrauber stieg, fragte er Tröger noch: „Was is'? Kommen Sie ned mit?" Tröger erwiderte: „Nein, mein Platz ist hier im Olympischen Dorf."

Dort blieb Tröger, in seinem Büro verfolgte er am Bildschirm die Ereignisse am Fliegerhorst, neben ihm saß der israelische Botschafter Eliashiv Ben-Horin. Als sie gegen Mitternacht die voreilige Meldung hörten, die Geiseln seien befreit, schauten sie sich ungläubig an, ihre Skepsis war begründet, es folgte die große Tragödie, bei der alle Geiseln starben. Bei der auch Issa starb.

Am nächsten Morgen standen drei Männer in Trögers Büro. Funktionäre des israelischen NOK. Präsident Josef Inbar, Generalsekretär Haim Glovinsky, Chef de Mission Shmuel Lalkin. Sie waren auf dem Weg zur Trauerfeier und weil sie gleich danach nach Hause flogen, wollten sie sich verabschieden. Sie sagten zu Tröger: „Tu alles, was Du kannst, damit die Spiele weitergehen. Wir haben mit so etwas Erfahrung in Israel, wenn Ihr jetzt nachgebt und die Spiele abbrecht, dann kommen nur die Nachahmer. Wir dürfen uns dem Terror nicht beugen." Wenig später traf Tröger Willy Daume und IOC-Chef Avery Brundage, Tröger gab den Wunsch der Israelis weiter, dann sagte Brundage im Olympiastadion: „The Games must go on."

Was Tröger mitnahm von den Spielen, waren die Erinnerungen an jenen Tag, die ihn, wie er sagt, weder traumatisierten noch seine Lebensführung veränderten. Was er mitnahm, war aber das tiefe Bedauern der eigenen Machtlosigkeit, „dass es mir einfach nicht möglich war, zu helfen". Was er mitnahm, waren Freundschaften. Wichtige Freundschaften. Wie mit Frau Spitzer. Frau Romano.

Freundschaften fürs Leben.

# Christian Ude

## *Ausflug zum schrecklichen Väterchen:*
## *Die Abenteuer eines Schwabinger Buben*

Später, als Oberbürgermeister, fuhr der Herr Ude oft mit dem Dienstwagen hierher. Aber das war eben schon sehr viel später. Ganz am Anfang, als Bub, kam der kleine Christian aus Schwabing anders aufs Oberwiesenfeld. Mit seinem Tretroller. Auf Holzrädern und Hartgummireifen, und diese Ausflüge waren damals immer die allergrößte Gaudi. Und meist auch ein schauriges Abenteuer. Wegen des Russen. Denn vor dem Russen da draußen hatte er immer Angst.

Christian Ude sitzt in seinem Amtszimmer, Rathaus, 2. Stock, draußen klingt das Glockenspiel, draußen stehen hunderte Touristen. Er erzählt von seiner Kindheit Ende der Fünfziger, Anfang der Sechziger, als es noch kaum Touristen gab in der Stadt und auch kein überbordendes Freizeitangebot. Eine triste Zeit in München, und wenn Ude heute Farbfotos von damals anschaut, dann fragt er sich immer, ob das nicht doch Schwarz-Weiß-Aufnahmen sind, weil alles so grau wirkt, düster, farblos. „In dieser Tristesse gab es für uns damals drei Stufen der Eroberung fremder Welten", sagt er. „Der Luitpoldpark war das nächste, gleich über die Hohenzollernstraße, und man war im Grünen. Spannender war der Englische Garten, nur war da meistens der Großvater dabei. Aber das Tollkühnste war die Route raus aufs Oberwiesenfeld, auf den Spuren der alten Bockerlbahn."

Die Bockerlbahn hatte in den Jahren nach dem Krieg die Reste der zusammengebombten Ruinen rausgefahren zum Schuttberg aufs Oberwiesenfeld. Die Gleise waren noch erkennbar, sie lagen unter einer roten Schicht. Das ganze Gelände war damals eine rote Landschaft, voll mit Ziegelstaub und Ziegelsteinen. „Nur mittendrin in diesem roten Meer", sagt Christian Ude, „war diese kleine Insel, ein grünes Viereck mit Garten." Das Reich von Väterchen Timofej.

Eigentlich hieß der ja Timofej Wassiljewitsch Prochorow. Er kam aus der Sowjetunion, und nach einer langen Odyssee durch Europa 1952 mit seiner Frau Natascha nach München. Sie ließen sich am Oberwiesenfeld nieder, errichteten ein Haus, eine Kapelle, später eine kleine Kirche, Baumaterial hatten sie dort ja in Hülle und Fülle. Die Kirchendecke schmückte er mit silbrigem Schokoladenpapier. Diesen kauzigen Schrat nannten die Münchner dann liebevoll „Väterchen", aber liebevoll war der Herr Prochorow gar nicht, am allerwenigsten zum Christian und seinen Schwabinger Spezln. „Wir haben ihn wahnsinnig gefürchtet", erzählt Ude, „er hatte eine tiefe Stimme und einen langen schwarzen Bart, er war unsere Schreckensfigur. Für uns hieß er nur: der Russe." Und der Russe wurde oft zornig, seine Stimme bebte und sein dunkler Bart zitterte, wenn die Burschen in seinen Garten einstiegen, oder wenn sie am Zaun standen und provokant „Väterchen, Väterchen" riefen. „Das war die größte Mutprobe meiner Kindheit", sagt Ude, „nie werde ich vergessen, wie wütend er immer heraus gestürmt kam und schimpfte, und wie schnell wir schauten, dass wir auf unseren Tretrollern wieder davonkommen." Es waren nicht nur die Hundsbuam vom Kurfürstenplatz und der Hohenzollernstraße, die hier weg mussten, nein. Später mussten vor Timofej auch die Olympia-Bauten zurückweichen.

Eigentlich sollten Timofej und Natascha ja aus dem Weg. An der Stelle ihres kleinen Paradieses war die Olympische Reitanlage vorgesehen. Die Planierraupen standen schon in den Startlöchern, doch das Ehepaar weigerte sich standhaft zu gehen. Einen Vollstreckungsbescheid nach dem anderen nagelte Timofej an die Kirchenwand, immer mehr sympathisierten die Münchner mit dem tapferen Widerstandskämpfer, und am Ende gaben Stadtspitze und Olympiaplaner nach und ließen Timofej und seine Frau dort, wo sie waren, dafür kamen Ross und Reiter raus nach Riem. München und das Land waren begeistert. Vom „ersten Münchner Olympiasieger" schrieb etwa der „Stern".

Auch Christian Ude schrieb, er war inzwischen Lokalreporter bei der „Süddeutschen Zeitung", und er schrieb von 1967 an auch oft über den Stand der Vorbereitung, wie weit die Planungen schon waren und die Bauten. „Für mich ging schon im Vorfeld vom

Olympiapark eine unheimliche Faszination aus", sagt Ude, „es war das erste Mal in meinem Leben, dass ich sah, wie nicht nur Ruinen durch Neubauten ersetzt wurden, sondern dass wirklich ein ganzer neue Park entsteht mit riesigen Gebäuden. Das war richtig aufregend." Ude besuchte viele Pressekonferenzen der Organisatoren, er besuchte aber auch Veranstaltungen der Olympia-Gegner. Die gab es ja auch.

Einmal, erinnert er sich, ging er in die Uni, Ude war für die SZ damals auch Hochschul-Reporter. Dort gab es ein bei den Achtundsechzigern so beliebtes „Teach-In", eine Diskussionsveranstaltung, wo es gut war, mal darüber zu sprechen. Diesmal sprachen die Studenten über Olympia, fast alle waren dort dagegen, zu viel Kapitalismus und Kommerz. Ude machte viele Notizen, aber als er dann mit seinem vollgeschriebenen Block zurück zur Zeitung in die Sendlinger Straße geradelt war, da sagte die Redaktionsleitung nur: „A so a Schmarrn. Bloß, weil da jemand rumgrantelt, brauchen wir da ned drüber schreiben, wir freuen uns doch auf Olympia."

Ude tat das auch, die Spiele selbst sah er am Fernseher, eine Eintrittskarte habe er sich als Student nicht leisten können. Die Eintrittskarten waren aber ein Schnäppchen im Vergleich zum Nepp, hinten beim Russen. Das Haus und die Kapelle waren eine der großen touristischen Attraktionen, und das wusste der geschäftstüchtige Timofej zu nutzen. Zu aberwitzig überteuerten Preisen verkaufte Väterchen Timofej über seinen Gartenzaun Blumensträuße an arglose Touristen, die meinten, dem armen alten Mann etwas Gutes tun zu müssen. Und die Blumensträuße waren auch nicht aus seinem Garten, sondern aus der Großmarkthalle.

Später hatte Timofej, wie Ude erzählt, auch die Steuerfahnder am Hals. Die hatten mitbekommen, dass Timofej seinen Söhnen Alexander und Wladimir in Nowosibirsk und Kawropolskij vom Blumengeld schöne West-Autos zukommen hatte lassen. Ja, der arme alte Mann.

Zu Timofej kam Ude später oft noch als Bürgermeister, er musste nicht mehr fürchten, vertrieben zu werden, nein, er war willkommen, wenn er als Gratulant alljährlich zum Geburtstag vorbeischaute. Timofej hatte viele Geburtstage, sein letzter war im Januar

*Als Oberbürgermeister hatte Christian Ude im Olympiapark oft Grund zur Freude. Als Kind war das bei seinen Besuchen auf dem Oberwiesenfeld eher selten der Fall.*

2004, der Hundertzehnte. Die Natascha war da lange tot, 27 Jahre schon, und im Juli 2004 starb er dann auch.

Im Olympiapark war Ude auch oft bei Konzerten, später schon als OB 1996 etwa, bei den Drei Tenören im Olympiastadion. Und wie viele Auftritte von Tina Turner er gesehen hatte, die als endgültig ultimativ letzte Abschieds-Farewell-Konzerte angekündigt waren, da hat er dann irgendwann aufgehört zu zählen.

Schneller aufgezählt, und das bedauert er natürlich, sind die schönen Momente mit seinem Lieblingsverein, die beiden Siege des TSV 1860 über den FC Bayern. Im November 1999 und im April 2000, als die Löwen trafen, weil der Sechzger Riedl ins gegnerische Tor traf und Bayern-Mann Jeremies ins eigene. Sonst wurden seine Blauen hier immer kräftig vermöbelt von den Bayern, aber mit dem selbstironischen Gleichmut eines chronisch leidenden Löwen-Fans sagt Ude: „Wichtig ist in einem Jahrtausend immer das erste und das letzte Spiel. Dazwischen darf man ruhig einmal auch eine Pechsträhne haben." Also haben die Löwen noch Zeit. Bis Herbst 2999.

Wie es dazu kam, dass im Olympiastadion nicht mehr gespielt wird, das hat er als OB ganz intensiv miterlebt. „Die Diskussion entstand für mich wie für die Öffentlichkeit ganz überraschend", sagt er und meint das Vorpreschen der Vereinsbosse Uli Hoeneß und Karl-Heinz Wildmoser in Sachen Neubau: „Das war schon sehr ruppig damals, auf Jahreshauptversammlungen über das Olympiastadion zu schimpfen, das immer noch als mit das schönste Stadion der Welt galt. Ich habe erst gar nicht gewusst, was die eigentlich wollen, ihre Sachargumente gegenüber der Stadtspitze habe ich ja erst danach gehört." Ude hörte viel und er erlebte viel, die Streiereien um Umbau und Neubau und Standort. Fröttmaning war ja schon ganz am Anfang als möglicher Platz für eine neue Arena in Frage gekommen, dann wurde er wieder verworfen, bis die Sachverständigen um das Frankfurter Architektenbüro von Albert Speer und Partner diesen Ort erneut anregten. Ude selbst sagt, wenn er Fröttmaning ins Spiel gebracht hätte, hätten sie ihm das vermutlich übel genommen bei den Bayern und den Löwen. „Neben Großlappen, der Kläranlage, dem Müllberg, das hätten die wohl als Beleidigung aufgenommen."

Bis Fröttmaning kam, wurde noch viel gestritten, das Aus für das Olympiastadion kam 2000, als die Olympia-Architekten als Urheber den Umbau und die Überdachung der Gegengerade ablehnten. „Bis heute bin ich sehr zerrissen", sagt Ude, „für den Olympiapark

Christian Ude (*1947) schrieb als Lokalreporter für die Süddeutsche Zeitung, von 1979 bis 1990 war er selbstständiger Rechtsanwalt. 1990 zog er für die SPD in den Stadtrat ein. Im September 1993 wählten ihn die Münchner zu ihrem Oberbürgermeister, danach wurde er 1999, 2002 und 2008 souverän in seinem Amt bestätigt.

war der Auszug des Fußballs sehr schade, vor allem war er auch das finanzielle Rückgrat. Zum anderen aber hätte ein Umbau die ganze Leichtigkeit und Transparenz zerstört. Ich bin froh, dass uns das erspart geblieben ist, dafür freue ich mich umso mehr, dass das Stadion immer noch die Heimat für Fußball-Fans ist." Bei den Public-Viewing-Veranstaltungen bei WM, EM oder beim Champions-League-Finale am 19. Mai. Wo 60.000 Menschen auf einer Großleinwand das Endspiel ein paar Kilometer weiter nördlich verfolgten. Wo sie sahen, wie Schweinsteiger an den Pfosten schoss.

Gerne hätte Ude das Stadion auch wieder als olympische Heimat gesehen, bei der Eröffnungsfeier für die Winterspiele 2018. Aber dazu kam es nicht, weil die Kandidatur scheiterte und man bei der IOC-Abstimmung im Juli 2011 gegen die Koreaner aus Pyeongchang eine derbe Niederlage einsteckte, die Ude mehr wehtat als alle Derby-Pleiten seiner Sechzger gegen die Bayern zusammen. Bauern aus dem Werdenfelser Land hatten rebelliert gegen die Bewerbung von München und Garmisch, und Ude dachte an seine Zeit als Lokalreporter. Diesmal sagten die Redaktionen nicht, dass das ein Schmarrn sei, im Gegenteil. Manchmal hatte man als Leser das Gefühl, es freut sich keiner auf Olympia, und es gibt nur Herumgrantler.

Dass es ein nächstes Mal gibt, einen erneuten Anlauf Münchens, davon ist Ude überzeugt. „Eine neuerliche Bewerbung ist keine Hoffnung, das ist eine Gewissheit", sagt er. „Ob 2022, 2026 oder 2030, es ist nur eine Frage des Zeitpunkts." Bis es soweit kommt, fließt in jedem Fall noch viel Wasser durch den Olympiasee, übrigens Udes Lieblingsort. Abends radelt er gerne her. Wenn die Besucher und Touristen weg sind, und wenn sich die beleuchtete Schwimmhalle im See widerspiegelt, dann ist das für ihn ein magischer Platz. Auf dem Rückweg fährt er dann immer an der Friedenskirche vorbei, wo sich jetzt Sergej Kokasin und Alexander Penkowski als Verwalter um das Erbe Timofejs kümmern. Jetzt sind es sogar zwei Russen.

Ude sagt, der Ort berühre ihn, und manchmal würde er tief drinnen immer noch die Stimme der bärtigen Schreckensgestalt hören und ihn vor sich sehen, wie er im Viereck springt.

Im grünen Viereck im roten Meer.

# Hans-Jochen Vogel

## Sechs Minuten auf Englisch –
## und München hatte die Spiele

Die Erinnerung an jenen Tag, Hans-Jochen Vogel weiß es noch so genau, wie das war, 1972, am 7. September, einem traurigen Tag.

Wie er am Vormittag von München-Riem nach Tel Aviv flog, mit einer Boeing 707, einer Sondermaschine der Fluggesellschaft ElAl. Wie nach der Landung am Flughafen Lod die Shofar geblasen wurde, diese alte jüdische Hornposaune. Wie die beiden Oberrabbiner Gebete sprachen, wie Ministerpräsidentin Golda Meir nicht die Kraft fand, und deshalb ihr Stellvertreter Yigal Alon die Trauerrede hielt. Wie die Trauerfeier am späten Nachmittag endete, und wie die Särge mit den Leichnamen weggefahren wurden, damit sie in den Gräbern noch vor Sabbatbeginn beerdigt werden konnten.

„Es gab schlimme Tage in meinem Leben", sagt Vogel. „Aber dieser 7. September gehört zu den allerschlimmsten." Der Tag, an dem er mit den Opfern des Attentats zurück in ihre Heimat flog. Zwei Tage nach dem Überfall im Olympischen Dorf.

Als die Sommerspiele weitergingen. Als die Heiteren Spiele zu Ende waren.

München und Olympia, daran dachte lange Zeit keiner, auch Vogel nicht. 1936 hatte er als zehnjähriger Bub im Radio die Spiele von Berlin verfolgt, er hörte, wie Jesse Owens vier Goldmedaillen gewann, und dass Hitler sich weigerte, dem farbigen US-Amerikaner die Hand zu schütteln. Vogel sagt, dass in der Hitler-Jugend dann erzählt wurde, dass man Neger nicht zu respektieren habe, weil Neger den Tieren näher seien als den Menschen.

Neun Jahre später lag Deutschland in Ruinen, in München folgte das große Aufräumen, das Ramadama, dann das Wirtschaftswachstum der Fünfziger. Der erste Gedanke an Olympische Spiele in München kam Ende 1963. Von Georg Brauchle, damals 2. Bürgermeister unter OB Vogel. Brauchle hatte in Innsbruck vorbeigeschaut, Tirols Hauptstadt bereitete sich gerade auf die Winterspiele ab Ende Januar 1964 vor. Als Brauchle zurückkam, saß er bei einer Brotzeit und einem Weißbier mit Journalisten zusammen und sagte: „Olympische Spiele in München, das wäre ein schöner Gedanke." Die Reporter schmunzelten, sie hielten das für eine Schnapsidee aus reiner Weißbierlaune heraus, und das schrieben sie auch. „Die Medien fielen richtig über Brauchle her", sagt Vogel, „wie sich Klein-Moritz das vorstelle, in Deutschland, keine 20 Jahre nach 1945."

*„Die Spiele haben München gut getan": Alt-OB Hans Jochen Vogel.*

Doch die Tatsache, dass der Zweite Weltkrieg nicht lange vorbei war, genau das war eines der Argumente von Willy Daume, am 28. Oktober 1965. Damals kam Daume, Präsident des Nationalen Olympischen Komitees, in Vogels Amtszimmer im Münchner Rathaus, und er stellte die Frage: „Sitzen Sie fest in Ihrem Stuhl?" Vogel reagierte verwundert. „Ich wusste nicht, was Daume meint", sagt er, „ich erwiderte, dass mein Stuhl nicht baufällig sei, und dass ich auch politisch fest darin sitze." Es war gut, dass Vogel fest saß, denn Daume meinte: „Ich schlage vor, dass sich München um die Olympischen Sommerspiele 1972 bewirbt." Daraufhin, sagt Vogel, sei er erst einmal sprachlos gewesen, aber es redete eh nur Daume, und mit zwei Argumenten hatte er, der ja dem IOC angehörte, Vogel von seiner Idee schnell überzeugt.

Zum einen hatte das Internationale Olympische Komitee erst kurz davor gegen den Willen der Bundesrepublik dem Drängen der DDR auf eine eigene Mannschaft nachgegeben. Die bis dahin gesamtdeutsche Mannschaft wurde aufgelöst, 1968 sollten erstmals zwei getrennte deutsche Mannschaften starten. Somit, so Daumes Kalkül, hätte die Bundesrepublik noch einen Sympathie-Bonus im

IOC. Zum Zweiten meinte Daume, dass das IOC auch dem Kriegs-
verlierer Japan schon die Sommerspiele 1964 zugestanden habe,
und zu den Kriegsverlierern würde Deutschland auch gehören. Und
als Vogel Daume sagte, man habe ja gar keine Stadien, kam das dritte Argument: „Eben, dann bauen wir eben welche."

Berlin, auch das wusste Daume, käme als Schauplatz nicht in
Frage, weniger wegen 1936, als vielmehr wegen der politischen Bri-
sanz in der geteilten Stadt. Bürgermeister Willy Brandt verzichtete
in einem Gespräch mit dem NOK-Chef sofort, dann fuhr Daume
zu Vogel. Und Vogel war überzeugt, genau wie bald auch die Kom-
munalpolitiker und Ministerpräsident Alfons Goppel.

Dann flogen Daume, Goppel, Vogel und auch Brauchle nach
Bonn, zu Kanzler Erhard.

Als Ludwig Erhard von der Vision hörte, zupfte ihn Kanzleramts-
chef Ludger Westrick am Ärmel und flüsterte ihm zu: „Herr Bundeskanzler, bedenken Sie doch nur, was das kostet, wir haben auch noch
andere Probleme." Gerade Erhard hatte Probleme, trotz eines über-
zeugenden Siegs bei der Bundestagswahl im September 1965 war er
politisch parteiintern angezählt, die Stimmung im Land war auch
nicht mehr die beste, darum meinte er: „Wir können nicht immer
Trübsal blasen. Wir müssen den Menschen im Land auch etwas
Fröhliches bieten." Das Projekt Olympia war auf dem Weg, Mitte
Dezember gaben Bund und Freistaat die nötigen Finanzgarantien.

Ende Dezember, nur zwei Monate nach Daumes Besuch im Rathaus, reichte München die Bewerbung ein, danach warben Vogel
und Daume für die Stadt. Sie trafen auf Bewunderer Münchens,
allen voran IOC-Präsident Avery Brundage, der zum Erstaunen
Daumes und Vogels in seinem Büro in Chicago ein Münchner Kindl
aus Nymphenburger Porzellan auf seinem Schreibtisch stehen hatte.
Und sie trafen auf Skeptiker wie den tschechischen Funktionär
Frantisek Kroutil, der an die braune Vergangenheit erinnerte und
meinte: „München? Liegt das nicht gleich neben Dachau?"

Aber München präsentierte sich anders; weltoffen, gastfreund-
lich, tolerant, vor allem extrem locker, auch bei der entscheidenden
IOC-Sitzung in Rom, im April 1966. Als der Konkurrent aus Montreal seine Präsentationszeit weit überzogen hatte, als sich Detroit
und Madrid schon vorgestellt hatten. Als vor allem draußen vor

dem Saal, im Foyer des Hotels „Excelsior", bereits das Büffet wartete, da kam München an die Reihe. Und München machte es kurz.

Vogel sprach Englisch, sechs Minuten lang, Daume Französisch, drei Minuten. Beide frei und ohne Redemanuskript, das überzeugte. Im zweiten Wahlgang errang München die absolute Mehrheit, 31 von 59 Stimmen. Das Feuer konnte kommen. Und es war auch klar, wohin es kommt.

„Das Oberwiesenfeld", so Vogel, „stand von vornherein als Standort fest." Nur wie es dort aussehen sollte, das war noch unklar. Beworben hatte sich München mit einem Modell, das ein Stadion nördlich des Mittleren Rings zeigte, eine Großarena für 100.000 Zuschauer. Dann gab es einen neuen Wettbewerb, den gewannen Behnisch und Partner, es kam das Zeltdach, und dass es viel teurer wurde als die zuerst genannten 14 Millionen und mehr als das Zehnfache kostete, sorgte damals für viel Kritik. Eine Kostenexplosion, über die Vogel im Rückblick aber sagt: „Eine Gesellschaft muss die Kraft haben, ein Kunstwerk von solch architektonischer Bedeutung und europäischem Rang zu ermöglichen. Auch wenn es teurer wird."

Die Eröffnung des Olympiastadions beim Länderspiel Deutschland gegen die UdSSR am 26. Mai 1972 fiel in die letzten Tage von Vogel als OB. Auf eine weitere Amtszeit verzichtete er wegen schwerwiegender innerparteilicher Streitigkeiten. Nach den Kommunalwahlen 1972 übernahm am 1. Juli Georg Kronawitter. Vogel aber blieb im Organisationskomitee als Vizepräsident, er erlebte die Eröffnung und die ersten Wettkampftage, an denen München ein anderes Deutschland als 1936 zeigte. „Weltoffen, demokratisch, ohne Größenwahn", so Vogel. Und er erlebte den 5. September, als er morgens um halb 6 in seiner Wohnung das Radio andrehte und die Nachricht vom Überfall im Olympischen Dorf hörte. Vogel fuhr sofort dorthin und begleitete die Aktivitäten des Krisenstabs, der aus Bundesinnenminister Genscher, dem bayerischen Innenminister Merk und dem Polizeipräsidenten Schreiber

**Hans-Jochen Vogel** (*1926) war von 1960 bis 1972 Münchner Oberbürgermeister. In seiner Amtszeit erhielt München den Zuschlag für die Sommerspiele. 1972 wurde er Bundesminister für Raumordnung, Bauwesen und Städtebau, von 1974 bis 1981 war er Bundesjustizminister. 1983 unterlag er als Kanzlerkandidat der SPD bei der Bundestagswahl Helmut Kohl, von 1987 bis 1991 war er Parteivorsitzender.

bestand. „Dass Israel den Forderungen der Terroristen, palästinensische Geiseln freizulassen, nicht nachkommen würde", sagt Vogel, „das war von vornherein klar." Nach zermürbenden Stunden verlagerte sich das Geschehen auf den Flugplatz Fürstenfeldbruck, wo es auf einmal Hoffnung gab. „Plötzlich kam ein Mann mit einer Olympia-Kappe auf dem Kopf daher", erzählt Vogel, „er wirkte, als hätte er eine offizielle Funktion. Er erzählte den Reportern, alle Geiseln seien gerettet. Aber keiner fragte ihn, wer er denn sei."

Ungeprüft wurde die Botschaft in alle Welt verbreitet. Vogel erinnert sich, wie ZDF-Intendant Karl Holzamer kurz darauf Willy Brandt um eine offizielle Stellungnahme zu dieser frohen Kunde bat. „Brandt hatte einen guten Instinkt", so Vogel. „er wollte es sich erst von Genscher bestätigen lassen." Regierungssprecher Conrad Ahlers äußerte sich anstelle Brandts. Bald danach wurde die Tragödie bekannt.

„In Fürstenfeldbruck sind erhebliche Fehler gemacht worden", sagt Vogel, „die Polizei war eben auch auf so eine Situation nicht vorbereitet." Erst sei er dafür gewesen, die Spiele abzubrechen. „Aber dann habe ich mich vom IOC überzeugen lassen, dass wir es nicht Terroristen überlassen können, ob die Spiele stattfinden oder nicht. Was folgte, war eine würdige Trauerfeier am 6. September, mit einer bemerkenswerten Rede von Bundespräsident Heinemann." Und was folgte, war Vogels Flug nach Tel Aviv.

In den vier Jahrzehnten nach 1972 wurde Vogel oft als der gewürdigt, der die Spiele erst ermöglichte, durch seinen Weitblick, seinen Mut, sein Engagement. Er selbst sagt, er mag seine eigene Leistung nicht bewerten, er sagt nur: „Es erfreut mich, dass ich mitwirken konnte, es erfüllt mich mit Genugtuung. Im Rückblick kann man mit sich im Reinen sein. Es war eine Entscheidung, die München und Deutschland über die Spiele hinaus gut getan hat."

Ja, im Rückblick denkt Vogel oft an den 7. September, aber auch an die schönen Momente, etwa als Willy Brandt einmal nach München kam und dort Olympiasieger von 1936 empfing, und als es einen Moment gab, der belegte, wie sehr sich diese Spiele von denen in Berlin unterschieden.

Als ein deutscher Kanzler Jesse Owens doch noch die Hand schüttelte.

# Gabriele Weishäupl

## *1200 Mark und ein Kosmetik-Kurs –*
## *die Reporterin im türkisen Dirndl*

Angezogen hat Gabi Weishäupl die Uniform nie mehr. Dieses hell-blau türkisfarbene Dirndl, darüber die kurze Jacke, die offizielle Bekleidung, die sie 1972 trug. Als eine der 1600 Hostessen bei den Sommerspielen von München. „So richtig mein G'schmack", sagt Weishäupl, die später lange Jahre Münchens Tourismuschefin war, „war das Kostüm aber nie. Am schlimmsten waren die weißen Wadlstrümpf', die hamm mir überhaupt nicht g'falln." Und richtig unbeschwert ist ihre Erinnerung an die Zeit auch nicht.

Das letzte Mal, als sie das Kostüm und die Wadlstrümpf' trug, war am Tag der Schlussfeier. Der Tag, an dem sie im Stadion Todes-angst hatte.

Gabi Weishäupl aus Niederbayern, nach dem Abitur in Passau kam sie nach München in die große Stadt. Sie studierte Kommuni-kationswissenschaften, Zeitungswissenschaften, in Richtung Jour-nalismus. Ein erstes Praktikum in der Heimat, Passauer Neue Pres-se, dann in München ging es zur „Bild". Als Volontärin 1970. Da war sie 23, zwei Jahre vor Olympia. Gabi Weishäupl schrieb über viele bunte Themen, Frauenthemen. Klatsch, Tratsch, Küche, Mode. Und eines Tages, im Frühjahr 1971, erbat die Redaktions-leitung eine Story zu den Olympia-Hostessen. Also fuhr die junge Reporterin zu einem Interview-Termin mit Emmy Schwabe.

Die Frau Schwabe war eine Österreicherin, die aus dem Nach-barland genauso importiert worden war wie auch die türkis-blauen Dirndl. Denn das Gewand, das die Hostessen später tragen sollten, hatte tatsächlich ein Salzburger Trachtenfabrikant produziert. Der „Spiegel" fand die Bekleidung jedenfalls schon ein Jahr vor den Spielen grausam, man schrieb von „kreuzbiederen Dirndlklei-dern". Auch Otl Aicher hätte die Hostessen lieber in anderen Gewändern gesehen. Aicher, der Chefdesigner mit seinen bunten Pastellfarben, hatte sich bereits schrille Anzüge ausgesucht. Anzüge des Pariser Modemacher André Courrèges, der damals wegen seiner gestrickten Overalls für Aufsehen sorgte und den astronautenähnlichen „Space-Look" eingeführt hatte. Doch nach einem Aufschrei bayerischer Traditionalisten beließen es die Olympia-Macher lieber bei alpin anmutenderer Tracht. Man wollte es nicht spacig, lieber bodenständig als abgehoben, lieber Landfrauen als Mondmädchen, und das gefiel auch der Frau Schwabe besser. „Ach, die Welt freut sich doch auf unsere Trachtenkleiderl", sagte sie.

Sie sagte noch viel mehr, in ihrem Büro im Gebäude des Organisationskomitees der Spiele, Saarstraße 7, vierter Stock, Zimmer 415, im Gespräch mit der Frau Weishäupl. Und als das Interview beendet war, sagte sie: „Frau Weishäupl, wie schaut's aus, woll'ns ned aa Hostess werden?" Was für ein Angebot. Weishäupl sagte sofort zu. „Das war eine einmalige Chance", sagt sie, „schließlich hatten sich 8000 Mädchen und Frauen aus ganz Deutschland beworben." Weishäupl erfüllte auch alle nötigen Kriterien. Sie wirkte charmant, sympathisch, weltoffen. Sie sprach drei Fremdsprachen, Englisch, Französisch, Italienisch, als Niederbayerin konnte sie genau genommen vier, nämlich auch noch fließend Hochdeutsch. Und sie hatte weit mehr als die erforderliche Mindestgröße von 1,65 Meter.

Die Ausbildung begann. Ein Einführungsseminar im November 1971, dann ein Crash-Kurs an drei Wochenenden. Weishäupl lernte alles über Olympia, die Lage der Sportstätten, die Wettkämpfe, die wichtigen Personen im IOC. Sie lernte über die Geschichte Münchens und Bayerns, über Benimm und Manieren, auch über das perfekte Aussehen. „Das hat uns junge Dinger natürlich am meisten interessiert", sagt Weishäupl, „die haben uns in einem Kosmetik-Kurs beigebracht, wie man sich richtig schminkt. Ned zu wenig, aber ned zu viel, durfte nicht zu aufdringlich sein." Es sollte sehr dezent sein, auch der Umgang mit den männlichen Besuchern. „Was sie uns immer wieder g'sagt haben: Freundlich sein, aber nie, auch nie flirten." Eine Anweisung, an die sich eine der Hostessen offensichtlich nicht sehr hielt, als sie den schwedischen König Carl Gustaf traf. Silvia Sommerlath.

**Gabriele Weishäupl**
(*1947) arbeitete während der Sommerspiele 1972 als Olympia-Hostess. Von 1985 bis 2012 war sie Münchens Tourismusdirektorin.

*„Wie schaut's aus, woll'ns ned aa Hostess werden?" Das wurde Gabi Weishäupl dann auch, eine von 1600 Hostessen bei den Sommerspielen 1972.*

Gabi Weishäupl traf keine Monarchen und Regenten, sie traf Journalisten. Weishäupl hatte sich fürs Pressezentrum gemeldet, schon Tage vor der Eröffnung saß sie an einem Schalter und kümmerte sich um die Sorgen der Reporter aus aller Welt. Sie verteilte Zeitpläne und Startlisten, sie half bei technischen Problemen, wenn der Telex-Apparat mal wieder nicht funktionierte, und sie organisierte das Begleitprogramm, das damals den Journalisten angeboten wurde, wenn sie einen Tag frei machten. Tagesausflüge ins bayerische Umland. Neuschwanstein, Chiemsee, Linderhof, das Übliche.

Am 5. September fuhr keiner fort. „Da hatten wir andere Dinge im Kopf", sagt Weishäupl. „Wer fahrt an so einem Tag schon lustig an den Kochelsee." So leer wie an diesem Tag sei es bei ihr im Pressezentrum nie gewesen, natürlich standen die meisten Reporter draußen vor dem abgesperrten Olympischen Dorf, warteten dort gebannt auf Neuigkeiten aus der Connollystraße 31, wo Terroristen israelische Sportler als Geiseln genommen hatten. Später zogen die Reporter weiter nach Fürstenfeldbruck, und als sie dann am Morgen des 6. September wieder zurück waren im Pressezentrum, schrieben sie in alle Welt, wie die Behörden versagt hatten und die Befreiungsaktion mit einer schrecklichen Tragödie endete. Dann gingen sie rüber ins Stadion. Zur Trauerfeier.

Gabi Weishäupl ging zur Schlussfeier. Fünf Tage später. Es war die einzige Veranstaltung, die sie während der Spiele miterlebte. Am Abend des 11. September wollte es die Choreographie, dass die Zuschauer zum Abschied mit Leuchtstäben winkten. Die Leuchtstäbe hatten die Hostessen zu verteilen, sie standen unten an den Tribünen, zwischen der ersten Besucherreihe und dem hohen Zaun. Doch als Weishäupl aus ihrem Korb ein Leuchtstaberl nahm, als Zeichen, dass die Leute sie sich hier abholen könnten, da brach das Unheil aus. „Es setzte eine Wellenbewegung ein", erzählt Weishäupl. Das bei einer Massenpanik so typische Phänomen. Wenn alles in eine Richtung strömt und drängt und drückt, und plötzlich ist kein Platz mehr da. „Von der ganzen Tribüne vor mir kamen sie heruntergestürmt", sagt sie, „sie drückten mich gegen den Zaun, und ich dachte mir, das war's jetzt." Mit Prellungen und einer gequetschten Hüfte kam sie schließlich davon, ein unschönes Ende einer spannenden Zeit, für die sie insgesamt 1200 Mark bekam und als Erinnerung das Kostüm.

Weishäupl schrieb weiter für das Springer-Blatt, im Oktober 1972 traf sie bei einer Wiesn-Einladung der Stadt München den damaligen Messechef Heinrich Hofer. Man kam ins Gespräch, und als Weishäupl von ihrer Zeit als Olympia-Hostess erzählte, war Hofer begeistert. „Das gefällt mir", sagte er, „genau so jemanden brauch' ich." Er brauchte sie aber nicht als Hostess, sondern als Assistentin für Presse und Werbung. Sie stieg auf zur Protokollchefin, 1985 übernahm sie die Leitung des Münchner Fremdenverkehrsamts. Nach 27 Jahren ging sie in den Ruhestand, und sie sagt, die Sache mit der Olympia-Hostess habe ihr letztendlich nicht nur den Weg geebnet. Sie sagt auch, sie habe damals das gleiche gemacht wie später als Tourismusdirektorin. „München als schöne und sympathische Stadt zu präsentieren und als liebenswerter Gastgeber die Besucher aus aller Welt zu empfangen." Nur die Dirndl, die sie später trug, die haben ihr dann doch besser gefallen.

Das Hostessenkostüm hat sie in ihrem Landhaus in Niederbayern aufbewahrt, eine schöne Erinnerung. Die weißen Wadlstrümpf' aber, wie seltsam, sind für immer verschwunden.

# Klaus Wolfermann

## *Immer auf die Uhr schauen:*
## *Das Geheimnis der zwei Zentimeter*

Ein bisschen hatte die Suche schon gedauert, daheim in seinem Haus in Penzberg, aber schließlich hatte Klaus Wolfermann es doch wieder gefunden. Sein altes Trikot, das Leibchen von damals, das 1972 bei ihm aussah wie ein ausgewaschenes, schlabberndes Unterhemd mit viel zu dünnen Trägern. Das Trikot der deutschen Leichtathleten hatte damals einen roten Brustring, vorne drauf mit einem schwarzen Bundesadler auf gelbem Grund. Als Wolfermann das Trikot nun wieder anzog, wirkte der Adler viel größer, aber das lag daran, dass das Hemd mehr spannte als früher, jetzt, vier Jahrzehnte und etliche Kilo später.

Im Mai 2012 kehrte Klaus Wolfermann also noch einmal ins Olympiastadion zurück, an die Stätte seines triumphalen Erfolges, ein Fernseh-Team wollte noch einmal ein Erinnerungs-Stück zum 40. Jubiläum der Spiele von `72 drehen. Die Bedingungen stimmten, kurz davor hatten fußballernde Frauen noch den Sieger ihrer Champions League ausgespielt, Lyon siegte 2:0 gegen Frankfurt, also war, bevor sie ihn für das DTM-Autorennen wieder herausreißen mussten, auch noch ein Rasen da. Und natürlich war Janis Lusis auch da. Wolfermann und Lusis warfen ihre Speere, die Weiten waren auch keine Weiten mehr, es waren eher Kürzen, und weil die Fernsehleute einen lustigen Einfall hatten, war es am Ende so, dass Janis Lusis zwei Zentimeter vor Wolfermann lag.

Genau anders herum als 1972. Da hatte Wolfermann Gold geholt, weil er seinen Speer auf 9048 Zentimeter geschleudert hatte und Lusis nur auf 9046. Zwei Zentimeter, die Wolfermanns Leben veränderten. Zwei Zentimeter, aus denen zwischen den Rivalen eine Freundschaft fürs Leben wurde.

In Altdorf nahe Nürnberg wuchs Wolfermann auf, nach dem Krieg, Jahrgang 1946, und am Anfang wollte der Bub eigentlich Kunstturner werden, wie der Vater. Der Vater war ein kräftiger

Mann, ein Schmied, sehr stark an Barren, Reck und an den Ringen, so stark, dass er sich beinahe für die Spiele in Berlin 1936 qualifiziert hätte. Leichtathletik machte dem Klaus aber bald mehr Spaß, Fünfkampf, Zehnkampf, aber dann ließen ihn die Speere nicht mehr los, und wenn Wolfermann die Speere los ließ, dann flogen sie von Mal zu Mal weiter und weiter.

1968 war er schon deutscher Vizemeister, er flog zu den Spielen nach Mexiko, aber da zwickte der Rücken, darum war es nach dem Vorkampf schon vorbei, Janis Lusis holte Gold, für Wolfermann blieb eine bittere Erfahrung. Kein Stachel, eher ein Speer, der tief im Fleisch saß. „Aber das", sagt Wolfermann, „hat mich nur motiviert. Ich hab dann richtig hingefiebert." Auf die Sommerspiele, auf die Heimspiele.

Die Zeit bis dahin, bis 1972, sagt Wolfermann, habe er ganz intensiv erlebt. Immer wieder ging er zum Oberwiesenfeld, er schaute zu, wie das Stadion immer größer wurde und die Haupttribüne immer höher wuchs. „Da war eine riesige Vorfreude da, so ein Wir-Gefühl", sagt er, „und ich hab' mir dann oft vorgestellt, wie es ist, wenn ich in dem Stadion werfen darf." Er durfte es, und zwar schon ein Jahr vor den Spielen, und auch damals schon fürs Fernsehen. Für Oskar Klose.

Oskar Klose war zu jener Zeit einer der bekanntesten Sportreporter, und er war auch einer der besten. Im April 1961 kommentierte er einmal eineinhalb Stunden von der Dreiband-Weltmeisterschaft in Amsterdam, das war eine Zeit, in der die ARD an einem Sonntagnachmittag von vier bis halb sechs noch Billard übertrug. Ungleich dramatischer waren seine Hörfunk-Reportagen 1970 von der WM der Fußballer in Mexiko, das 3:2 gegen England, das 3:4 gegen Italien. Klose ließ die Nation am Radio mitfiebern, vor allem hatte Klose viel Ahnung, und bei Wolfermann hatte er vor allem eine Vorahnung.

Als Klose mit Wolfermann im halbfertigen Stadion drehte, wo der Rasen schon drin war, aber noch keine Laufbahn außenherum, da fragte Wolfermann, was er jetzt eigentlich machen solle. Klose sagte, er solle den Speer raushauen, und dann würde sie ein Interview führten. Wolfermann haute den Speer raus, dann führten sie ein Interview, und zum Schluss ließ Klose auf der Anzeigetafel dann

*„Je höher der Speer, umso mehr hat es ihn zerfleddert": Klaus Wolfermann hatte bei den Spielen 1972 seine ganz eigene Technik. Die brachte ihm Gold.*

einblenden: „1. Wolfermann, 2. Lusis." Wolfermann lachte damals darüber, er Erster, der große Lusis nur Zweiter, niemals, nur Klose meinte, nein nein, das habe er so schon gemeint.

Lusis reiste als großer Favorit nach München, das Duell war ein ungleiches, wie David gegen Lusis, wie Klaus gegen Goliath. Acht Wochen vor den Spielen, Anfang Juli, warf der Lette Weltrekord, 93 Meter und 80, Wolfermann dagegen schaffte es kurz vor den Spielen gerade einmal auf 90,40 Meter, doch der Deutsche Rekord schien ihn mehr zu erschrecken als zu beglücken. „Mensch", sagte er damals in seiner ersten Reaktion, „des is ja vui z'weit."

So war es im Olympia-Finale am 3. September auch Lusis, der der Konkurrenz erst einmal zeigte, wo mit seinem Speer der Hammer hängt. Schon mit dem ersten Wurf kam Lusis auf 88,88 Meter, er führte bis Wolfermanns fünftem Versuch. Vor Wolfermanns fünftem Versuch saß Lusis ganz entspannt auf seiner Bank und aß einen Apfel, seine Goldmedaille schien ungefährdet. „Nur ich habe mir da geschworen, dass ich jetzt alles riskier", sagt Wolfermann, „mehr Anlauf auch auf die Gefahr hin, dass ich übertrete. Und immer hatte ich die Uhr im Blick." Die Stadionuhr neben der Anzeigetafel, auf der anderen Seite über der Nordkurve, nicht weil er wissen wollte, wie spät es ist, sondern weil er wollte, dass es weit geht.

Es war nämlich so, dass Wolfermann in den Monaten vor den Spielen immer wieder ins Olympiastadion ging, immer wieder nachmittags ab halb 4, der Zeit des olympischen Finales. Er wollte wissen, wie der Wind ist um diese Tageszeit, und er stellte bald fest, dass der Wind sehr seltsam ist, gerade hier bei dieser völlig ungewöhnlichen und asymetrischen Dachkonstruktion. „Ich hab' sonst nie ein Stadion erlebt, wo die Verhältnisse so grob waren wie hier", sagt er, „von der offenen Gegengerade kam der Wind reingepfiffen, dann kreiste er unter dem Zeltdach und wirbelte unruhig zurück. Kurz, je höher du den Speer abgeschossen hast, umso mehr hat es ihn zerfleddert." Akribisch erarbeitete Wolfermann die beste Flugbahn, wie hoch der Speer steigen darf, ohne dass er vom Wind in der Luft zerrissen wird. „Und dann hab' ich endlich gewusst", sagt er, „der optimale Abwurfwinkel ist 32 Grad. Die Uhr da hinten, das war genau mein Fixpunkt." Also warf Wolfermann auch im fünften Versuch den Speer wieder so, als wolle er ihn mitten ins Ziffernblatt hineinbohren. Bis dahin ging es nicht, aber es ging sehr weit, weiter als alles bisherige, es war an jenem Tag der erste Wurf über die 90 Meter. Wolfermann hüpfte wie ein Schachterlteufel auf und ab, Lusis dagegen verschluckte sich fast und warf seinen Apfel weg.

Ein letztes Mal wurde am Fernsehen der Name und das Kürzel der Sowjetunion eingeblendet, „Lusis Urs", einen letzten Versuch hatte er noch, aber was Wolfermann damals schon sah und auch heute noch sieht, wenn er sich das alte Video anschaut: „Der Janis ist mit dem Stemmbein eingeknickt. Wenn ihm das nicht passiert wäre, dann hätte er Weltrekord geworfen." Mindestens, wenn nicht mehr.

Er warf aber keinen Weltrekord, sondern fast genau in das Erdloch, das Wolfermanns Speer zuvor verursacht hatte, allerdings eben nur fast, zwei Zentimeter weniger.

Es gibt Sportler, die in den Momenten, wenn sie wissen, dass sie Olympiasieger sind, nichts mehr anderes kennen, keinen Feind, kein Freund, sie sind allein mit ihren Gefühlen und sind so berauscht von ihrem Triumph, dass sie nichts anderes mehr wahrnehmen. Als Zuschauer empfindet man oft mehr mit den knapp Unterlegenen, die auf den Sieger zugehen und vergeblich versuchen, ihm zu gratulieren, aber keine Reaktion bekommen außer höchstens einem kurzen Handschlag. Bei Wolfermann war das anders, Wolfermann lief zunächst keine Ehrenrunde, sondern er schritt auf Lusis zu, umarmte ihn, und fast war es ihm schon peinlich. Wolfermann sagt, dass er sich entschuldigt habe und meinte: „Du, tut mir leid", aber Lusis nur erwidert habe, er solle sich nichts denken: „Ich habe ja schon in Mexiko gewonnen." Und wenn einer wie Lusis so etwas sagte, dann hatte auch Wolfermann kein schlechtes Gewissen mehr. Es war jedenfalls eine der schönsten Ost-West-Begegnungen dieser Spiele, der Sowjetrusse und der Westdeutsche umarmten sich so heftig und so innig, dass nichts mehr dazwischen Platz hatte, am allerwenigsten ein eiserner Vorhang.

Die 80.000 im Stadion feierten Wolfermann jedenfalls. Dass der Drittplatzierte, Bronzemedaillengewinner Bill Schmidt aus Pennsylvania, auch noch ein halber Bayer war, weil sein Vater in Garmisch auf die Welt gekommen war, bevor er über den Atlantik emigrierte, das ging fast unter.

Was folgte, war der übliche Ablauf in den Stunden nach einem Olympiasieg, wie es heute auch noch ist. Über die Siegerehrung und die Dopingprobe raus aus dem Stadion und rein ins Fernsehstudio. Dort waren dann beide Konkurrenten, Wolfermann sagte, er habe seit dem Frühjahr pro Woche 70 Tonnen Gewichte gestemmt, und Lusis meinte, dann seien die zwei Zentimeter auch kein Wunder, weil bei ihm seien es nur 30 Tonnen gewesen, woraus sich dann hochrechnen hätte lassen können, dass 20 Tonnen einen Zentimeter an Weite ergeben.

Keine Tonne, aber einen halben Zentner wog das Bierfass, das am Abend angezapft wurde, es gab neben Wolfermanns Gold an diesem 3. September auch noch die Erfolge von Hildegard Falck über die 800 Meter und Bernd Kannenberg, der einen langen Weg zu seinem Olympiasieg gehen musste, nämlich exakt 50 Kilometer. Wolfermann aber war sehr müde, nach einer Stunde entschuldigte er sich zum zweiten Mal an diesem Tage und sagte: „Tut mir leid, aber ich bin platt, ich geh jetzt heim."

Heim nach Laim.

Da, nur drei Kilometer vom Olympiastadion entfernt, wohnten die Schwiegerleute, die Eltern seiner Münchner Frau Friederike, die er 1967 geheiratet hatte. Seine Frau, er selbst kann sich nicht daran erinnern, erzählte ihm später oft die

> **Klaus Wolfermann** (*1946) gewann bei den Olympischen Sommerspielen 1972 die Goldmedaille im Speerwurf. Er lebt im oberbayerischen Penzberg und ist dort Geschäftsführer eine Sportvermarktungsagentur.

Geschichte, dass er sie in der Nacht nach dem 3. September um halb drei aufgeweckt und gesagt habe: „Du, ich bin heute Olympiasieger geworden. Hast Du das mitgekriegt?" Ja, sie hatte, aber ihr reichte es dann auch wieder mit der Leichtathletik, sie wollte auch noch andere Veranstaltungen sehen. Turmspringen zum Beispiel.

Vom Turm sprang nämlich auch Klaus Dibiasi, der war nicht nur ein Südtiroler sondern auch ein Schwarm von Wolfermanns Frau, und schon an diesem Tag, dem 4. September, merkte Wolfermann, wie sich sein Leben nun geändert hatte. Auf einmal bekam er ohne Probleme ganz selbstverständlich zwei Karten für die Ehrenloge in der Schwimmhalle, und als sie dann Platz nahmen, saßen er und seine Frau zwischen Kirk und Konstantin, zwischen Kirk Douglas und dem König von Griechenland.

„Vor allem Kirk Douglas", sagt Wolfermann, „das war zu der Zeit mein Kino-Held." Den Klassiker, Douglas als Sklavenführer „Spartacus" habe er im Kino gesehen, begeistert hatte er immer zu ihm aufgeschaut, nun musste er es nicht mehr, ganz im Gegenteil. „Erst da habe ich gesehen, dass der ja noch kleiner ist als ich", sagt Wolfermann. Zwei Stunden lang unterhielten sich die beiden, auch Douglas hatte Gefallen am Gespräch, vielleicht dachte er sich ja auch insgeheim, dass der Spartacus einen, der so gut mit einem Speer umgehen kann, beim Sklavenaufstand gegen die Römer in seinen Reihen gut hätte gebrauchen können.

Gar nicht unterhaltsam, sondern schlimm und fürchterlich traurig war dann der 5. September, der Überfall auf die Israelis im Olympischen Dorf. Vormittags bekam die Deutsche Mannschaft Besuch von FDP-Fraktionschef Wolfgang Mischnik, als es um die Frage eines Abbruchs der Spiele ging, sagte er: „Nein, so bitter und tragisch das ist. Aber sonst müssten wir uns in Zukunft jedem Terror beugen." Wolfermann und Kannenberg stimmten dem zu, aber Wolfermann sagt heute das, was jeder empfand, der damals dabei war, dass die Spiele danach nicht mehr die gleichen, unbeschwerten waren wie davor. Die heiteren Spiele waren vorbei. Bald waren es die Spiele insgesamt, und Wolfermann war froh, als er nach dem Herumreichen endlich wieder sporteln durfte. Als er wieder richtig anfing mit dem Training, fragte er sich, ob er es überhaupt noch könne, aber er konnte es noch sehr gut, besser eigentlich als vorher.

Im Mai 1973 sank der Speer in Leverkusen erst nach 94,08 Meter zu Boden, das war Weltrekord, einer der drei Jahre hielt. 1976 wollte er zu seinen dritten Spielen nach Montreal, zwei Wochen davor verklemmte sich ein Knorpel im Wurfarm. Nach Gold greifen konnte er nicht mehr, denn der Arm steckte in einer Schlinge, und Wolfermann musste daheim bleiben.

Nach der Karriere raste er noch im Eiskanal bergab, der Rosenheimer Schorsch Heibl, der zweimalige Vizeweltmeister im Zweier, lockte ihn zum Bobsport, einen Winter lang saß er sogar selbst am Lenkseil. Dann holte ihn Armin Dassler nach Herzogenaurach, 14 Jahre arbeitete Wolfermann bei Puma, es folgte die Selbstständigkeit, die Gründung einer eigenen Sportvermarktungsagentur, dazu das Engagement bei vielen Benefizveranstaltungen, vom Golfturnier für krebskranke Kinder bis hin zum Sonderbotschafter bei den Special Olympics.

Auch Janis Lusis sieht er noch oft, meistens feiern sie ihre Geburtstage zusammen. Die Freundschaft, sie hielt über viele Jahrzehnte, und sie liegt Wolfermann noch mehr am Herzen, seitdem er weiß, wie gering die Rente ist, von der Lusis leben muss, daheim in Lettland.

Wolfermann lebt mit seiner Frau längst in Penzberg, sie haben eine Tochter und eine kleine Enkelin, und Wolfermann sagt, dass er ein glücklicher Mensch ist, und dass ihm der Olympiasieg sehr geholfen habe, manches im Leben sei dadurch sicher leichter gewesen, angefangen von der Ehrentribüne mit Kirk Douglas. Freilich hat er sich oft anhören müssen, ob das denn wirklich alles mit rechten Dingen zugegangen sei, zwei Zentimeter, naja, und dann auch noch im heimischen Stadion, und darum ist Wolfermann froh, dass in München 1972 die Weiten erstmals elektronisch gemessen wurden. Zwei Zentimeter, an denen es nichts hinten und vorne zu rütteln gab.

Als die Fernsehaufnahmen zum Vierzigsten nun fertig waren, stieg Wolfermann auf den Olympiaberg. So oft er schon in Park war in den vergangenen Jahrzehnten, oben auf dem Hügel stand er das erste Mal. Es war ein föhniger Tag, und er sagt, er sei begeistert gewesen, wie nahe die Alpen waren. So nah, als seien sie gar nicht weit weg und als seien sie leicht zu erreichen, sogar mit dem Speer. Vorausgesetzt, man wirft richtig ab. Mit einem Winkel von 32 Grad.

# Günter Zahn

## Feuer und Flamme:
## 162 Stufen bis zum Grill

Günter Zahn streckte die Fackel nach oben, er hielt sie an die Schale, dann brannte das Feuer, und auf der Tribüne rings um ihn herum war ein Raunen zu hören. Ist ja auch immer ein besonderer Moment, dieser symbolischste aller Augenblicke bei einer Eröffnungsfeier, wenn der letzte Fackelträger das Feuer entzündet. Für die Zuschauer war es ergreifend, und für Günter Zahn diesmal gar nicht so wild, bei der Eröffnung der Special Olympics 2012, den Spielen für Menschen mit geistiger und mehrfacher Behinderung. Diesmal stand Zahn auf der Bühne der Olympiahalle. 40 Jahre davor war es schon weitaus anstrengender. Die 162 Stufen hoch zur Olympischen Feuerschale.

Am 28. Juli 1972 begann die Fackelstaffette, traditionsgemäß im Hain von Olympia, und als der erste Läufer auf die Gesamtstrecke von 5538 Kilometern geschickt wurde, da hätte Günter Zahn ja nie daran gedacht, dass er vier Wochen später der 5758. und letzte wäre. Zahn war damals 18, aus der Nähe von Passau, ein guter Mittel- und Langstreckenläufer bei den Junioren. Dann standen die Deutschen Jugendmeisterschaften an, in Bielefeld, und Willy Daume schickte eine kleine Delegation hin, ihre Aufgabe: Einen jungen Sportler zu finden für den 26. August, als Schlussläufer für das Olympische Feuer. Zahn gewann die 1500 Meter, genau so einen brauchten sie, einen, der die Kondition hat, durchs Stadionrund zu laufen und dann auch noch die Treppen hoch. „Und plötzlich standen sie neben mir und haben mich gefragt", sagt Zahn. „Mit so etwas hab' ich ja nie im Traum gerechnet." Zahn sagte sofort zu, kurz darauf saß er schon beim ersten TV-Interview im WDR.

Damals war das noch anders,

Günter Zahn (*1954) holte als Mittel- und Langstreckenläufer im Junioren- und Seniorenbereich 23 Deutsche Meistertitel. 1972 entzündete er als letzter Fackelträger das Olympische Feuer. Nach seiner Karriere wurde er Leichtathletik-Trainer, er lebt in der Nähe von Passau.

*„Ich dachte, ich werde gleich gegrillt": Günter Zahn, der als letzter
Fackelläufer das Olympische Feuer entzündete.*

wurde nicht wie später ein Staatsgeheimnis um den finalen Fackelträger gemacht. Später entzündeten Weltstars das Feuer. Michel
Platini in Albertville 1992, Muhammad Ali in Atlanta 1996, Cathy
Freeman 2000 in Sydney. 1972 war es ein Leichtathlet aus Niederbayern.

Anfang August begann das Training. Ein hartes Training. Sein
Arbeitgeber, die Bereitschaftspolizei, hatte ihn freigestellt, immer
wieder lief er durchs Stadion, die letzten 250 Meter ab der letzten
Übergabe hinüber zur Gegengerade, dann die Treppen hinauf. Er
probte zusammen mit Blacky Fuchsberger, dem Stadionsprecher.
Täglich, manchmal sogar zweimal am Tag, es ging vor allem ums
Tempo. Fuchsberger, der den auf die Sekunde ausgetüftelten Zeitplan der Eröffnungsfeier schon vorliegen hatte, sagte Zahn dann
immer, ob er zu schnell oder zu langsam war. Zahn hatte aber ganz
andere Sorgen. „Meine größte Befürchtung war, dass ich stolpere
oder das Feuer ausgeht." Eine Peinlichkeit wäre das gewesen, unge-
ahnten Ausmaßes.

Vor einer Milliarde Menschen am Fernseher.

Die Fackel war ja eine Wissenschaft für sich, in jeder Fackel waren im Inneren des 20 Zentimeter langen und 3,6 Zentimeter breiten Griffs Aluminium-Kartuschen mit einem Gemisch aus 24 Prozent Propan und 76 Prozent Butan, das sorgte für eine gelblich, weiße Flamme, manchmal kaum sichtbar. Dazu wurden die Läufer nun vorab darum gebeten, die Fackel nach hinten in die Höhe zu halten, in einem Winkel von 15 bis 30 Grad zur Senkrechten. Zahn machte Trockenübungen mit einer Fackel, die nicht brannte. Derweil kam das Feuer immer näher.

Am Vorabend der Spiele erreichte es den Königsplatz, dort blieb es über Nacht, am nächsten Tag brachten es die letzten Träger zum Stadion. Dort wartete Zahn bereits, zusammen mit seinen Begleitern, die ihn auf der Kunststoffbahn im Stadion eskortieren sollten. Alles Idole von ihm, weltbekannte Läufer. Kip Keino (Kenia), Jim Ryan (USA), Kenji Kimihara (Japan), Derek Clayton (Australien). Und Günter Zahn (Salzweg bei Passau). Einer für jeden Erdteil.

Es folgte die berühmte Episode mit dem Schuh, Zahn hatte bis 1971 einen Vertrag bei Adidas, wechselte dann zu einer kleineren Firma, sein alter Ausrüster aber bestand darauf, dass Zahn in Schuhen mit drei Streifen laufen würde. Zahn zog sie auch an. „Nur kurz bevor ich ins Stadion kam, habe ich sie mit Klebeband zugepappt." Ob das Konsequenzen gab? „Nein, von Adidas hat sich nie einer gemeldet." Dann lief das Quintett ein, eher ein gemächliches Tempo. Und doch schien es Zahn, als er dann alleine die 162 Stufen emporstürmte, kaum erwarten zu können. Mehr hätten es nicht sein dürfen. Er sagt, er hätte die Fackel kaum noch halten können, sie war schon nah am Kopf. „Ich hätte mir ja beinahe das Ohr versengt." Zehn Sekunden zu früh kam er oben an, zehn Sekunden zu früh hielt er die Fackel an den Feuerring mit den 21 Gasdüsen. Und nichts geschah. Erst wenig später brannte es, auf die Sekunde genau, schließlich war es so programmiert worden, wann das Feuer sich selbst entfacht. Es hätte freilich auch gebrannt, wenn Zahn gestolpert und die Treppen wieder hinuntergepurzelt wäre. Schaut aber netter aus, wenn einer daneben steht und die Fackel hinhält.

Eine Minute stand Zahn noch da, auf der Westseite der Schale, dumm nur, dass der Wind von Osten kam. „Ich dachte, ich werde gleich gegrillt". Die Flammen schossen wirklich mächtig hoch, auch den Zuschauern in den obersten Reihen wurde warm, das Organisationskomitee reagierte und drehte einige Minuten später das Gas wieder runter. Als Zahn wieder auf dem Weg nach unten war. Unbemerkt, die Kameras waren da schon bei Heidi Schüller. Sie verlas gerade den Olympischen Eid.

Zahn blieb noch die folgenden zwei Wochen, er genoss die Wettkämpfe im Stadion als Zuschauer. Er lief noch bis 1984, vor allem Langstrecke, famose Bestzeiten. 28:46,6 Minuten über 10 000 Meter, 2:15:29 Stunden im Marathon. Er wurde Leichtathletik-Trainer und arbeitet weiter bei der Polizei. Die Fackel hat er natürlich noch zuhause. Zahn ist Fan des TSV 1860, und einmal schrieb er in einer Zeitung, bei Erfolgen der Löwen würde er die Sechzger-Fahne dranhängen. Die Fackel steckt inzwischen in der Halterung der Kommunionskerze seines Buben, angezündet hat er sie nie mehr, wäre für ihn eine Entweihung gewesen.

Im Olympiastadion war er noch oft, bei Fußballspielen. Im November 2000 etwa. Er sah Sechzig. Sechzig spielte gegen Haching, später hing er die Sechzig-Fahne nicht an die Fackel. Sechzig verlor 0:2. Es war ein kalter Tag. 1972 war ihm schon wärmer ums Herz. Und ums Ohr.

# Thomas Zufall

## Mongolische Badehosen:
## Nostalgisches Doppel zwischen Isar und Park

Vier kaputte Fernseher reichten dann, einen fünften musste es nicht auch noch zerreißen. Vier kleine alte Röhrenapparate waren mit der Zeit implodiert, einer nach dem anderen, sie hatten den Dauerbetrieb nicht verkraftet. Es war zu viel, den ganzen Tag in einer Endlosschleife das Video zu zeigen von der Olympischen Eröffnungsfeier, darum läuft das Band jetzt nicht mehr. Es ist fast schade, denn es hatte schon etwas, bei Schinkennudeln und Tegernseer die Zeremonie von damals zu verfolgen. Den Einmarsch der Nationen. Die gewagte Kleidung wie die äußert knappen Badehosen bei den Athleten aus der Mongolei, oder die gestreiften Anzüge der Sportler aus dem damaligen Obervolta, die mehr einem Sträflingsanzug glichen. Der Big-Band-Sound von Kurt Edelhagen, der sein Orchester auf einen Takt von 114 Schlägen pro Minute eingeschworen hatte, weil er meinte, da würden die Menschen am lockersten gehen – wobei viele Nationen dann doch im Stechschritt hereinkamen. Und natürlich der groteske Auftritt der bolivianischen Sportler und Funktionäre, die beim Vorbeigehen an der Haupttribüne tatsächlich die rechte Hand hoben, in der Annahme, in Deutschland grüße man immer noch so wie bei den Spielen von 1936.

Das zu sehen, war jedes Mal aufs Neue skurril. Aber skurril ist ja vieles, im „München 72", den beiden Kneipen von Thomas Zufall, der einen im Gärtnerplatzviertel, der anderen am Olympiapark.

Thomas Zufall kennt die Spiele von damals aus dem Fernseher, von alten Videobändern, er selbst hat die Spiele nicht erlebt. Geboren 1976, und dann auch noch weit weg von München in Kassel. Er lernte Hotelfachmann, lebte in Vancouver, wurde Fotoredakteur, er arbeitete bei einer Bildagentur. Einmal recherchierte er zum Thema „Die Olympischen Sommerspiele in München", er stieg ins Archiv, er

**Thomas Zufall** (*1976) betreibt im Olympiapark und in der Kohlstraße in München zwei Lokale namens „München 72".

sah die Bilder, die Architektur, er sah die Farben – und all das ließ ihn nicht mehr los. Das Zeltdach von Behnisch und Partner, vor allem aber das Design, die zeitlos stimmige Schönheit der Pastellfarben des Gestalters Otl Aicher.

Zufalls Traum war immer gewesen, einmal eine Kneipe zu eröffnen, darum war es klar, wie es endete. Ein halbes Jahr lang schaute er sich nach alten Utensilien von 1972 um, Erinnerungsstücke, Souvenirs, Raritäten. Er durchwühlte Zeitungsinserate, er stöberte auf Flohmärkten, er suchte im Internet. Einmal kam er zu einem Sammler nach Rottach-Egern, der hatte zehn der alten Original-Sitze aus dem Olympiastadion. Die grünen Hartplastik-Schalen, die zur Leichtathletik-EM 2002 ausgetauscht wurden. Nun, ab Lokal-Eröffnung im Frühjahr 2009, hatten sie eine neue Bestimmung, als Sitzplatz vor der Kneipe von Thomas Zufall. Nun saß man hier nicht mehr zum Fußballschauen, sondern zum Frühstücken. Nun hatte man sogar einen Tisch vor sich, in der Kohlstraße, zwischen Gärtnerplatz und Isartor.

Innen drin stellte Zufall noch viel mehr Erinnerungsstücke auf. Kerzenhalter, Schnapsgläser, Wimpel, Aschenbecher, Bierdeckel, und und und. Postkarten hatte er auch, alte Ansichtskarten. München, wie es damals aussah, Sportler, wie sie damals aussahen. Bilder von Meyfarth, Rosendahl, Wolfermann, die kennt man, aber auch Bilder von Angelo Scalzone, dem italienischen Olympiasieger bei den Trap-Tontauben, diesem Sportschützen mit dem fiesesten aller Siebziger-Jahre-Scheitel. Oder vom Schweizer Zweierruderer Heini Fischer mit seiner getönten Stubenfliegen-Sonnenbrille. Ja, es sah schon sehr anders aus damals.

Modern ist für Zufall aber immer noch das Gelände, das Dach, das gesamte Ensemble. „Heute wäre das wohl nicht mehr denkbar, dass so etwas gemacht werden darf", sagt Zufall. Das Risiko, das Wagnis, bautechnisch, aber auch finanziell. „Es ist großartig, dass man an die Architekten geglaubt hat, auch heute ist das immer noch zeitgemäß. Bei vielen Stadien schaust du drauf und sagst: Was ist das denn für ein alter Kasten. Aber hier ist eines der bedeutendsten Architektur-Denkmäler überhaupt entstanden." Und zu diesem Denkmal zog es ihn dann 2011 auch näher hin.

In einer Anzeige hatte er gelesen, dass ein Kiosk zu verpachten sei, bei den Tennisplätzen gegenüber des Olympiaparks, nördlich vom Mittleren Ring, am Kolehmainenweg. Zufall fuhr hin, er sah die Örtlichkeit, die große Terrasse davor, er blickte gegenüber auf den Turm und den Olympiapark, schon waren sämtliche Zweifel, ob das etwas sein könnte für ihn, verschwunden.

Und doch wurde der Ableger anders als der Stammsitz in der Innenstadt. Weniger Olympia-Nostalgie, mehr Seventies allgemein. Retro-Look mit Hollywood-Schaukeln, Klappstühlen, Grills zum Selberbruzzeln. Immerhin ein Erinnerungsstück hat er noch aufgetrieben, ein Radl. Ein altes Aufwärm-Fahrrad aus der Schwimmhalle. Darauf soll auch Mark Spitz gesessen haben, vor seinen sieben Goldmedaillen.

Tom Zufall hat vor allem die Sommerspiele in Peking verfolgt, 2008, als er die Eröffnungsfeier dort sah, erschrak er über die Gigantomanie. Über die propagandistische Inszenierung, den Machtaufmarsch des Regimes. München, die Eröffnung, war da schon feiner. Fröhlicher. Nur bedauerlich, dass sie bei Tom Zufall nicht mehr zu sehen ist, die Zeremonie.

Wer noch Impressionen von der Eröffnungsfeier mitbekommen möchte, dem legt Tom Zufall auch gerne die Doppel-LP „Olympia-Parade" auf. Die offizielle Musik vom Einmarsch der Nationen. Anders als die Fernseher geht der Plattenspieler noch. Der Plattenspieler ist tapfer. Der Plattenspieler hält viel aus. Sogar die Lieder von Kurt Edelhagen.

# Anhang

# Der Olympiapark München:
# Daten – Zahlen – Fakten

Mit seinem breiten Angebot für Sport, Kultur und Freizeit ist der 850.000 Quadratmeter große Olympiapark seit 1972 für Touristen wie für Einheimische eine der beliebtesten Attraktionen Münchens.

Hier die wichtigsten Fakten:

### Das Zeltdach

Das Zeltdach überspannt die Westtribüne des Olympiastadions, die Olympiahalle, die Olympia-Schwimmhalle sowie die dazwischenliegenden Fußgängerbereiche. Es hat insgesamt eine Fläche von 74.800 m², das entspricht ziemlich genau der Fläche des Olympiasees. Mit dieser Fläche könnte auch der Königsplatz mehr als dreimal überspannt werden. Der äußere Rand des Daches misst 3,3 km. Das entspricht der Luftlinien-Entfernung zwischen Friedensengel und Theresienwiese. Für das große Randseil über dem Stadion wurden insgesamt 1.771 Kilometer Stahldrahtseil verwendet, was der Luftlinie zwischen München und St. Petersburg entspricht.

Beim Olympiadach handelt es sich um eine punktgestützte bzw. vorgespannte Seilnetzkonstruktion, bei der das ursprünglich eindimensionale Element aus Seilen und Klemmen zum zweidimensionalen Tragwerk zusammengesetzt wird. Das Seilnetz bildet alle 75 cm Knotenpunkte. Die insgesamt 129.000 Knoten wurden am Boden geflochten und anschließend hochgezogen. 436 km Drahtseil wurden dabei verarbeitet.

Die 3 x 3 Meter großen und 4 Millimeter starken Acrylglasplatten sind an den insgesamt 129.000 Knotenpunkten des Netzes mittels drehbarer Stahlkerne befestigt. Getragen wird das Dach von 58 Masten und Stützen: 12 große, konisch geformte Pylone, acht beim Olympiastadion, eine zwischen Stadion und Halle, zwei bei der Olympiahalle, und einem, dem mit 81 Meter höchsten, bei der Olympia-Schwimmhalle. Dazu kommen 46 kleinere Masten mit einer Höhe von bis zu 34 Metern.

### Olympiastadion

**Fläche:** 260 m Längs- und 250 m Querachse. Spielfeld 105 x 68 m.
**Kapazität:** 69.250 Besucher, davon 60.036 Sitz- und 7.401 Stehplätze, 100 Plätze für Rollstuhlfahrer.

400 m Rundlaufbahn mit 8 Bahnen. Weit- und Dreisprunganlagen, Hochsprung, Stabhochsprung, Diskus-, Hammer- und Speerwurf, Kugelstoß.

**Lichtstärke Flutlicht:** 1875 Lux an zwei Masten an der Osttribüne, dazu zwei Batterien auf dem Randseil und sechs kleine Batterien unter dem Dach.

Die beiden 18,4 x 8 Meter großen Anzeigetafeln verfügen über insgesamt 48.000 Lampen mit je 25 Watt.

## Veranstaltungshöhepunkte:

**Fußball:**

1974 Weltmeisterschaft (fünf Spiele, einschließlich Finale), 1988 Europameisterschaft (zwei Spiele, einschließlich Finale), zehn A-Länderspiele, drei Final-Spiele im Europapokal der Landesmeister und der Fußball-Champions-League.

**Weitere Höhepunkte u.a.:**

Leichtathletik-EM 2002, zahlreiche internationale Leichtathletik-Meetings wie z.B. das IAAF Grand Prix Leichtathletik-Finale 1999, dazu zahlreiche Open Air-Konzerte wie etwa die Rolling Stones (1982, 1990, 1995, 1998, 2003, 2006), Michael Jackson (1988, 1992, 1997, 1999), Robbie Williams (2003, 2006), Messe von Papst Johannes Paul II. (1987), die 3 Tenöre (1996), Air & Style (2005, 2006, 2007, 2011), die Oper „Turandot" (2005) und Public Viewing zu allen großen, internationalen Fußballturnieren ab 2006 oder DTM München (2011/12).

## Olympiahalle

**Fassungsvermögen:** bis zu 12.463 Sitzplätze bei bestuhlter Arena, bis zu 15.500 Plätze bei unbestuhlter Arena
**Umbauter Raum:** 427.400 m³
**Anzeigetafeln:** Sechs mehr als 33 m² große 16:9 Full-HD Leinwände
**Lichtanlage:** Flutlicht 2.400 Lux, Hallenbeleuchtung bis zu 800 Lux, 4 Spots an festen Hallendispositionen

## Veranstaltungshöhepunkte:

**Sport:** Sechstagerennen (1972 bis 2009), Eiskunstlauf-WM (1974, 1991), Eishockey-WM (1975, 1983, 1993), Daviscup-Finale Deutschland–Schweden (1985), Compaq Grand Slam Cup (1990–1999), Basketball-EM (1993), Handball Supercup (1980, 2005, 2006, 2007, 2008, 2011), Munich Indoors (seit 1998), Judo-WM (2001) Supercross-Cup (1999 bis 2007, 2009, 2010, 2011).

**Show & Entertainment:** Holiday on Ice (1973, seit 1975), Frank Sinatra (1975, 1989), Sammy Davis jr (1976, 1989), Olympischer Fasching (1978–1985), Liza Minnelli (1978, 1987, 1989), David Copperfield (1993, 1995, 1998, 2001, 2006), Night of the Proms (seit 1995), Musical "Mamma Mia" (2005), MTV Award (2007), Dinosaurier – Im Reich der Giganten (2010), Cirque du Soleil Alegria (2011).

**Pop & Rockkonzerte:** Rolling Stones (1973, 1976, 2003), Tina Turner (1974, 1975, 1985, 1987, 1990, 1996, 2009), Rod Stewart (1980, 1983, 1986, 1991, 1998, 2002, 2005, 2007), Elton John (1982, 1984, 1986, 1989, 1992, 2002, 2008, 2011), Chris de Burgh (1984, 1986, 1989, 1992, 1994, 1996, 1999, 2002, 2006), Sportfreunde Stiller (2004, 2007, 2010), Bon Jovi (1988, 1989, 1993), Roger Waters (2011), Pink (2004, 2006, 2009) und viele mehr …

Dazu finden in der Olympiahalle seit 1980 regelmäßig die Hauptversammlungen namhafter, deutscher Dax-Unternehmen statt.

## Olympia-Eisstadion

Fassungsvermögen: 6.262 Plätze
Länge: 94,52 m
Breite: 60,77 m
Höhe: 12,25 m
Umbauter Raum: 70.000 m$^3$
Eisfläche: 30 x 60 Meter
Lichtanlage: 1.200 Lux

## Werner-von-Linde-Halle

Fassungsvermögen:
    300 Personen (Besuchertribüne)
    + 1400 Personen (Arena)
    + 75 (Bistro)
Maße: 110 x 55 m Lichte
Raumhöhe: 5,50–8,50 m
Hallennutzfläche: 7.900 m²
Umbauter Raum: 57.650 m³
Einrichtungen: 200-Meter-Laufbahn,
    6 x 60 m Sprintbahnen

## Kleine Olympiahalle

Fassungsvermögen:
    3.600 Zuschauer unbestuhlt,
    2.000 bestuhlt
Bühne: 8 x 12 m variabel

## Olympiaturm

Gesamtgewicht: 52.500 t
Durchmesser: 4,5 bis 16,5 Meter
Drehrestaurant: auf 181 m Höhe,
    Durchmesser 28,3 m, 230 Plätze,
    eine Umdrehung in 53 Minuten
Höhe mit Antenne: 291,28 m
Aussichtsplattformen: 171–192 m